精益制造009

库存管理

修订版

図解でわかる生産の実務
在庫管理

［日］小林俊一 著　　张舒鹏 译

人民东方出版传媒
People's Oriental Publishing & Media
东方出版社
The Oriental Press

图字：01-2011-2214 号

Zukai de wakaru Seisan no Jitsumu Zaikokanri by Shunichi Kobayashi
Copyright © JMA Consultants Inc.2006
All rights reserved
Simplified Chinese translation copyright © Oriental Press. 2012
Original Japanese edition published by JMA MANAGEMENT CENTER INC.
Simplified Chinese translation rights arranged with JMA MANAGEMENT CENTER INC.
Through Hanhe International (HK) Co., Ltd.

图书在版编目（CIP）数据

库存管理／（日）小林俊一 著；张舒鹏 译. —北京：东方出版社，2021. 5
（精益制造；009）
ISBN 978-7-5207-2107-3

Ⅰ. ①库… Ⅱ. ①小… ②张… Ⅲ. ①库存—仓库管理 Ⅳ. ①F253. 4

中国版本图书馆 CIP 数据核字（2021）第 046298 号

精益制造 009：库存管理
（JINGYI ZHIZAO 009：KUCUN GUANLI）

作　　者：〔日〕小林俊一
译　　者：张舒鹏
责任编辑：姫　利　高琛倩
出　　版：东方出版社
发　　行：人民东方出版传媒有限公司
地　　址：北京市西城区北三环中路 6 号
邮　　编：100120
印　　刷：北京印刷集团有限责任公司印刷一厂
版　　次：2021 年 5 月第 1 版
印　　次：2021 年 5 月第 1 次印刷
开　　本：880 毫米×1230 毫米　1/32
印　　张：8. 875
字　　数：158 千字
书　　号：ISBN 978-7-5207-2107-3
定　　价：58. 00 元
发行电话：(010) 85924663　85924644　85924641

目录

前言

　　30 多年前当笔者刚开始做咨询顾问时，一位负责生产管理咨询的前辈对笔者说过这样一句话，"生产管理就是库存管理"。 在此之前，笔者一直以为库存管理不过是生产管理的其中一项职能而已，所以当时没能理解他为什么把库存管理看得那么重要。

　　直到后来，当笔者开始专门负责生产管理、物流管理以及后勤的咨询时，笔者才渐渐地体会到了当年前辈所说的那句话的含义。 虽然库存管理看起来像是生产管理的一项职能而已，然而库存确实能弥补和预测生产能力的不确定性，以此保证交货期的准时以及成本的稳定。 而且库存还与物流活动、销售活动息息相关，并直接影响为顾客提供服务的质量。 库存管理的对象并不只是产品，还包括原料、资材、零部件、半成品、加工品等。另外，只要库存管理的方式不同，物资筹措的方式、零部件生产的方法，甚至生产线的模式都会发生改变。

由此可见，库存管理确实与企业的整个流程有着密切的关系。有了这样的经历之后，现在笔者已经确信"库存管理是企业经营中最为重要的课题之一"。

不过，根据笔者一直以来的观察，不光是制造行业不重视库存管理，就连流通行业里能够正确理解库存管理并合理运作的公司，也不多见。据笔者了解，大约80%的企业都没有充分、合理地进行库存管理。那么，这些公司既然了解库存管理是一项重要的课题，为什么却又不够重视呢？

这起因于库存管理的领域过于广泛。库存管理从实在的物品管理到实现企业战略的库存计划，涉及广泛的管理层面。此外，由于涉及的对象是从生产到营业部门范围内的不同职能，所以要想全面、熟练地掌握库存管理是非常困难的。而且还会涉及信息系统，使整个管理更加复杂。可以说，要想完全掌握库存管理，必须要理解整个企业的经营，将所有的职能有机地结合起来，并下工夫进行改革。

本书最想传达给读者的信息是，库存管理是一种科学的、能够配合产品的特性去进行管理的方式。这里所说的管理，并不单指进行现货管理，还包括根据企业的战略灵活运用库存的管理方式。

为了实现库存的战略性管理，就必须确立起最基本的各个库存管理的环节。希望各位读者不要为各种流行的管理术语所迷惑，最重要的是切实地执行好最基本的环节。

为此，在本书中，笔者首先对库存管理的最基本思路、方法进行了阐述。其次提到了库存策略，并说明了支撑库存策略的库存计划、现货管理、信息系统的方式和方法。同时进一步结合实例解说了削减库存的方法，最后结合 SCM 等阐述了企业战略与库存策略的关系。

本书是"图解生产实务"系列中的一部。笔者认为，将思考方式和方法以图表形式表示出来是非常重要的。如果只阅读文字内容，会花很多时间对整体进行把握，同时还不容易明白内容之间的相互关联。如果不用图表将复杂的内容整理、表示出来，会令读者很难理解。如果在整理复杂的内容时不用图表形式表示出来，就很难让看图的人迅速理解。在这本书中，笔者添加了多年以来制作的大量图表。请各位读者相信，每一张图表，都是笔者认真的思考以及多年的经验。

这本书汇集了笔者做咨询顾问 30 多年以来积累的经验。从一个咨询顾问的新人起步到现在，正是因为有了日本能率协会的前辈等所有同仁，以及客户公司的鼎力相助，笔者才得以对库存管理有了深刻的理解。特别是除了库存管理的知识外，从尊敬的千田长信氏那里还得到了很多关于如何做好一名咨询顾问的教诲。另外在此，对与笔者在欧洲一起建立了出色的库存管理系统的挚友内山博史氏，为该书出版创造机会的日本能率协会咨询中心的松本贤治氏，以及日本能率协会管理中心出版情报本部的各位，表示最诚挚的感谢。

小林俊一

2006 年 5 月

第 1 章
企业经营与库存管理

1-1　环境变化与企业经营

▶——经营环境瞬息万变

我们所生活的社会，无时无刻不在发生着变化。 这些变化对各种事物产生着影响。 例如现今，IT 技术迅猛发展，整个世界被通信网络连接了起来，信息化的发展消除了各个网点之间的距离感。 各国之间能同时相互传递信息，来自海外的物资充盈在我们身边的每个角落。

与此同时，现如今少子化已经成为一个巨大的社会问题。 2004 年，日本的出生率仅为 1.29%，这意味着日本的老龄化正在急速地发展。 虽然根据今后政府的对策，这一问题会有可能好转，但不管怎样，都会给包括年金问题在内的生活各方面造成影响。

这一问题对于企业来说，则会关系并影响到外包及雇佣形式的变化、业务分配的重新调整等各方面。

▶──通过库存管理适应不断的变化

众所周知，企业要想求生存、谋发展，最为重要的是"适应变化的能力"。而这种适应力则包括了以下 5 点：捕捉变化的洞察力、决定改变方向的企划力、制定应对变化决策的计划力、促成变化的执行力、保持变化活动的持续力。

各企业为了适应变化，要重新探讨开展业务，并推进企业全球化，与其他企业的合作化以及 M&A 等等。并且，为了能够不断对客户的需求做出迅速的反应，还要不断地对企业体制进行"瘦身"。于是削减库存和加工品则成为了同减少劳务费、节约能源开支、控制经费一样重要的课题。库存管理不仅指削减，也包括在必要的时间和地点放置准确的货品，并提高客户服务的质量。只要经常调整库存的形式、库存的种类、库存的数量和库存的地点等，就能够对现实环境的变化做出最合理的反应。

◎企业环境变化与适应变化的能力

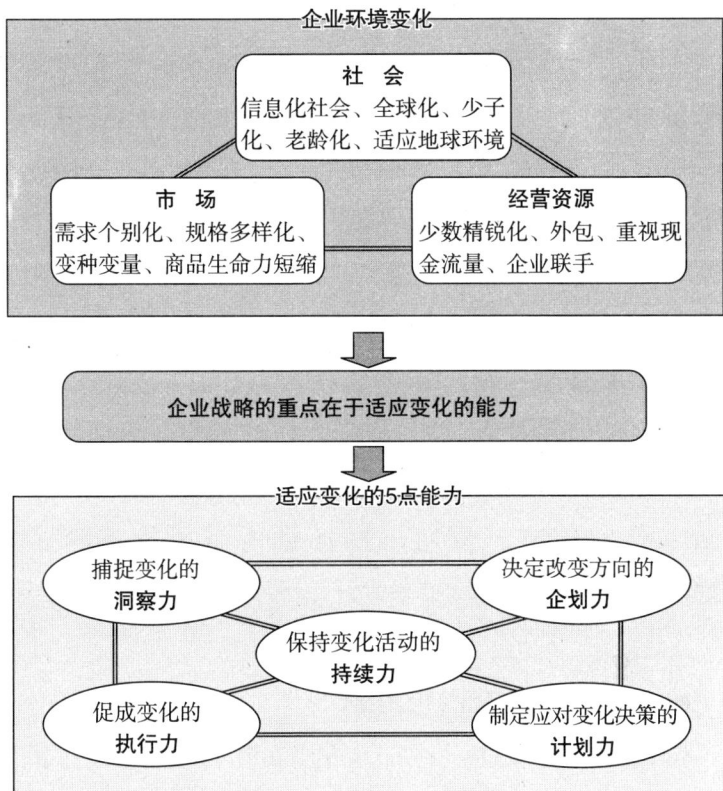

企业环境变化

社 会
信息化社会、全球化、少子
化、老龄化、适应地球环境

市 场
需求个别化、规格多样化、
变种变量、商品生命力短缩

经营资源
少数精锐化、外包、重视现
金流量、企业联手

企业战略的重点在于适应变化的能力

适应变化的5点能力

捕捉变化的
洞察力

决定改变方向的
企划力

保持变化活动的
持续力

促成变化的
执行力

制定应对变化决策的
计划力

1-2   流动资金的改革是最大的经营课题

▶——何谓确保利润

企业为了求得生存都在尝试经营改革，改革的内容
也因企业不同而各种各样。 还有的企业并不只是单纯提

高销售额，而是把增加市场份额放在首位。 但是，如果不确保利润，就无法期望企业有所发展。

在生产行业要想确保利润，一般来说最优先考虑的是降低成本。 只要降低成本，就有利润，为了降低成本，只有生产得越多才会越便宜，很多企业就是根据这样的想法而批量生产，其结果产生了大量的库存。 然而产生这些库存的费用却需要马上支付。 如果一味支出却无法提高销售额，就无法增加利润。 企业所采取的行动如果不和销售额挂钩，就不会获得利润，只能留下积压的资产。 这些休眠状态的资产要缴纳利息，所以不但得不到利润，反而不断在亏本。 所谓确保利润，就是要让资金以获利的方式周转，换句话说就是提高资金流动性。

▶──如何改革资金流量

资金流量可以通过在一定的期间内赚到的钱（销售额）和花掉的钱（费用）的差额来判断。 如果赚了100却花掉了110的费用，则资金流量为赤字；而赚了100却只花掉90的费用，则资金流量就为黑字。 当要花费110的费用时，就需要达到120的销售额。 而如果销售额为90，那就必须把费用控制在90以内。

赤字的时候可以从金融机构贷款，但是贷款每天都被加算了利息。 企业可能会预测提前生产的产品不久后就能售空，然而无论预测是否准确，费用肯定是即刻产生的。 所以，如果卖掉了商品，需要尽快回收销售资金，与此同时还必须抑制费用的发生，使其不能超过销售所对应的部分。 尽量减少库存与加工品、不需要的东西坚决不要，这些管理就是库存管理。

◎削减库存与现金流量的变化

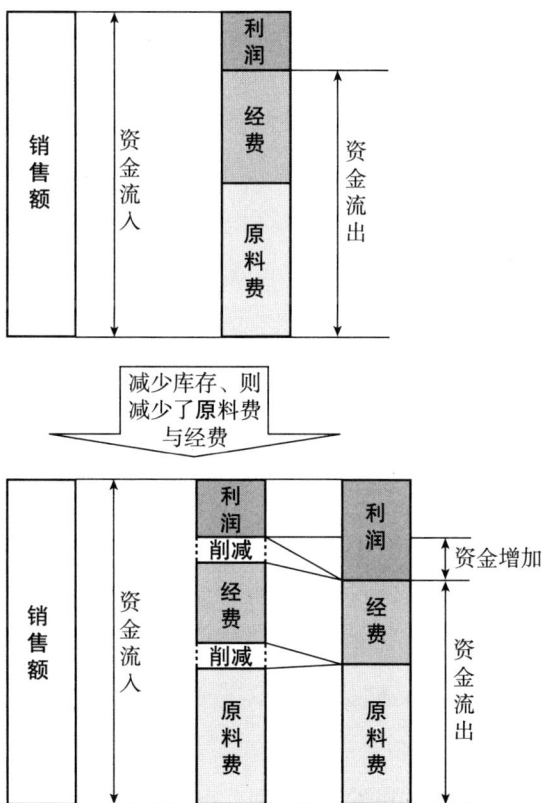

1-3　企业的利润与库存管理

▶——可以提高销售额的库存管理

要想提高销售额，就需要在客户订货时立刻将商品提供给客户，使其满意。 在流通行业，如何在门店及物流中心放置商品使其不会断货是最关键的课题。 同样，在根据订单进行生产的制造行业，需要在订单出现时要马上开始组装准备好的零件，并努力缩短交货期。

商品种类是否齐全，对提高销售额也能发挥巨大的作用。 大家都知道，比起那些只摆放有限种类商品的门店，顾客们更喜欢光顾商品种类丰富齐全的商店。 因此，库存管理就需要在保证商品的种类尽可能丰富的同时，尽量保证商品数量恰到好处。

▶——可以降低成本的库存管理

在降低成本上，库存管理涉及两个方面。 第一个是通过良好的库存管理，可以削减与库存相关的成本。 如果能够在金额上削减库存，即为了库存而投入的资金减少的话，贷款也就可以随之减少，因此就能够降低经费。 而且库存如果减少，管理仓库所需的人员也能够相应减少。

第二个是良好的库存管理，能够在必要的时候供给必要的产品数量，减少相关部门的浪费。 零部件有时由于交货场所、交货批次、交货频率的限制而必须一定的库存，所以库存管理就需要保证其数量不能过多，而且也不能断货。

◎库存的效果

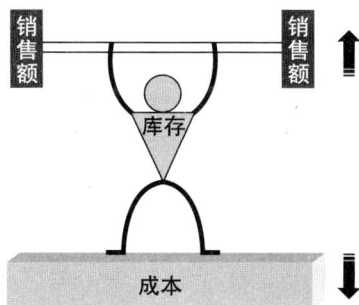

◎库存管理的效果

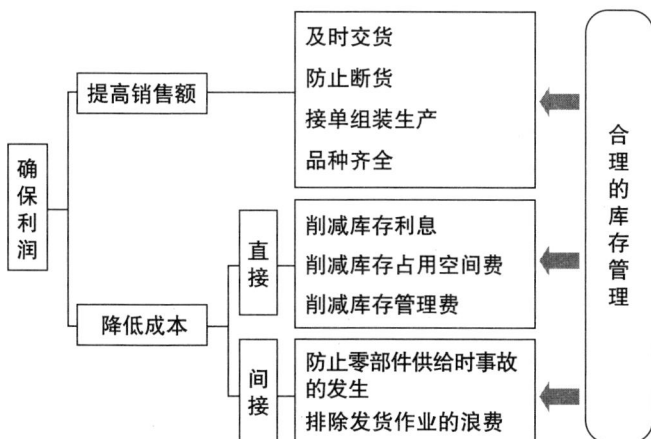

成品及商品也是如此，应该备齐需要发货的物品，不要延迟发货。 通过这样的管理，既能避免重复劳动作业，也能避免物流费增加。 由此可见，无论什么商品或行业，库存管理都为提高销售额和降低成本发挥着重要作用。

1-4　有库存就是错吗

▶——放置库存是主要问题

相信很多人都听说过"库存即过错"这句话。 这句话说得很正确。 不过，如果把这句话改为"放置库存不管就是过错"的话，更为准确。 企业的库存往往都会存在一些多余的货品。 然而只要进行彻底的改善，就会发现有很多库存都是不必要的。 其实放置在仓库中的存货，有一大半都是没有改善库存而导致的结果。 如果能够在必要的时间内生产刚好必要的产品数量，并交送到必要的地点，那么就不需要库存。 只要制定出这样的体制和系统，就可以完全摆脱库存。

消除库存需要不停地改善工作。 之所以这么说是因为各种条件时刻都在发生着变化。 只要零部件、商品推出了新产品，或者出现了更新换代，就会发生变化。 同时客户也会变化，而且有时候销售的场所也会变化。 一发生变化，生产方法、物资筹措方法以及物流方式等也要变化。 如果这时改善没能及时跟上的话，就需要尽量最小限度地保有库存。

◎ "库存即过错"的意思

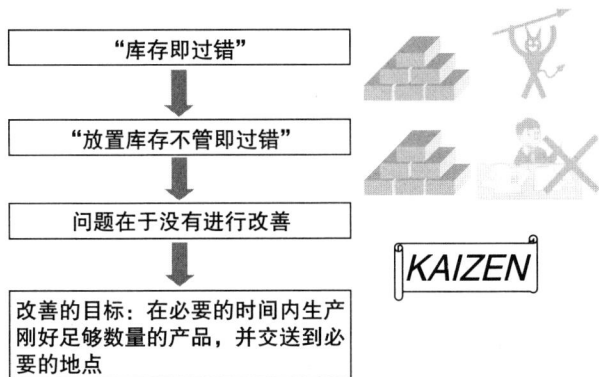

```
┌─────────────────────┐
│    "库存即过错"      │
└─────────────────────┘
           ▼
┌─────────────────────┐
│  "放置库存不管即过错" │
└─────────────────────┘
           ▼
┌─────────────────────┐
│  问题在于没有进行改善  │
└─────────────────────┘
           ▼
┌─────────────────────┐
│ 改善的目标：在必要的时间内生产 │
│ 刚好足够数量的产品，并交送到必 │
│ 要的地点             │
└─────────────────────┘
```

KAIZEN

◎ 库存费用与改善费用的平衡

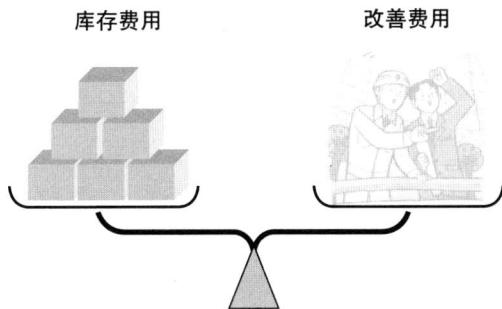

库存费用　　　　　　改善费用

▶──通过比较费用来判断是否该保有库存

虽然我们明白只要进行改善就能减少库存，但有的时候为了改善可能要投入资金或需要大量的运营成本。

009

当生产小批量商品装置的费用太高，而不得不使用大批量生产的装置时，出现少量的存货是情有可原的。 同时，如果小批量生产的品种转换时间较长时，需要一次性大量生产，也有可能增加库存。 比方说，相对于往远处每天送 1 个小商品，不如每两天送 1 次 2 个小商品。

凡事都有各自的前提条件，我们应该有改变那些前提条件的智慧，然而当所需要的费用过多时，还是应该保持少量的库存。 是否该保有库存需要通过计算来判断。 只不过，应该在进行了彻底的改善之后，再比较费用并进行判断。

1-5　让库存带来利润

▶──首先要考虑的是实现零库存

为了提高利润，不但要削减库存，还应该将库存作为提高销售额的武器来灵活运用。 但是，如果在没有库存的情况下也能够保证顺利地进行生产、销售以及物流运输，同时准确地为顾客提供服务的话，那是再好不过了。 所以，我们首先应该力求实现零库存。 当库存出现积压时，我们就要思考一下为什么会产生库存。 这是由于没有调整好进与出的平衡，导致了存货的出现。 如果深入追究到底是进的问题还是出的问题，就能找出需要解决的问题。 如果找不到问题，就要改变思路尽力去解决。

　　要想实现零库存不是轻而易举能做到的，需要整个公司上下齐心对物资筹措方法、生产方式、物流方式以及销售方法等相关的课题进行改革。 而且不仅是公司内部，还需要外部供应商、委托承包商的合作，同时客户的大力支持也是必不可少的。

▶──设法以最少的库存运作

　　库存的作用被称为缓冲作用。 一般情况下它发挥着使企业的整个流程顺利进行的作用，但是它也具有会发生幅度、厚度、面积膨胀的危险。 如果库存增多的话，会导致进与出的状态不易被看清，进而导致麻烦事故频发，掩盖了问题所在，同时效率低下的状况也很难及时被发现。 如果将库存控制在最少的情况下运作，则能更清晰地发现问题，并且可以改善和制定更适于竞争的体制。

　　要想以最少的库存运作，就需要详细地调查进与出的状况。 关于进与出的调查，需要详细的核对变动时间的间隔、次数的差别以及时间点的偏差等等。 另外，必须从中找到能够改善的项目，然后决定能够维持这一改善的标准，并且保持这个水平。 总之，为了以最少的库存运作，需要调查与改善，以及持续性的活动。

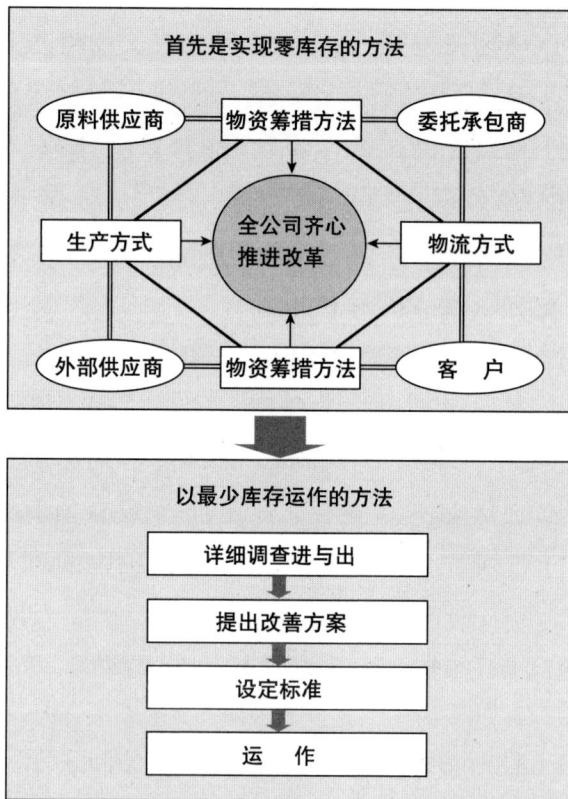

第 2 章
什么是库存管理

2-1　放眼看去积货成山

▶——库存的不同种类

库存包含很多种类，比如在原料供应商那里就有原料的库存、生产中的加工品以及物资筹措品的库存。如果该物资筹措品是零部件的话，那就是零部件库存。而如果将这些零部件组装起来，就成了半成品库存。其后，如果制成了产品，则称为完成品的产品库存。而如果发货后被物流中心保管，则成为商品（产品）库存。

在商业过程中，所到之处都有可能产生库存。而事实上，也确实能在很多企业看到原料库存、零部件库存、产品库存充斥着各个地点场所。特别是不断对物品进行加工，变成库存而积压的话，就会产生巨大的问题。 这是因为用于加工的原料费和劳务费可能已经被支付出去了。 总之，无论是何种库存，都应该作为改善的对象而追查下去。

▶——库存在什么情况下成为问题

如果库存的金额增多，就等于处于休眠中的资金增多了，而占用空间的库存会导致仓储费用的提高，这时人们就会头疼为什么有这么多积压的货物。 如果库存货物的品种很多，就必须明晰地进行保管与区分。 为此，就需要在管理方案以及保管设备上下工夫，仔细思考了。

◎物资筹措—生产—交货过程与库存的种类

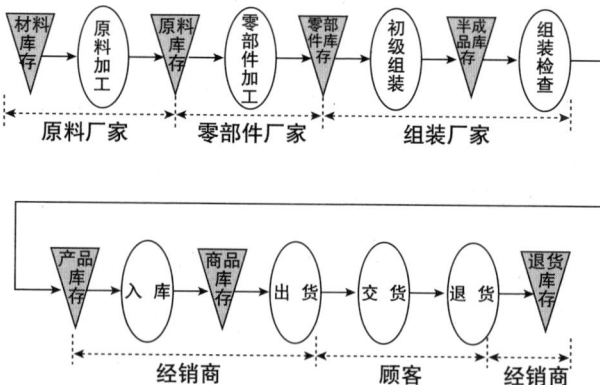

◎需要改善的库存

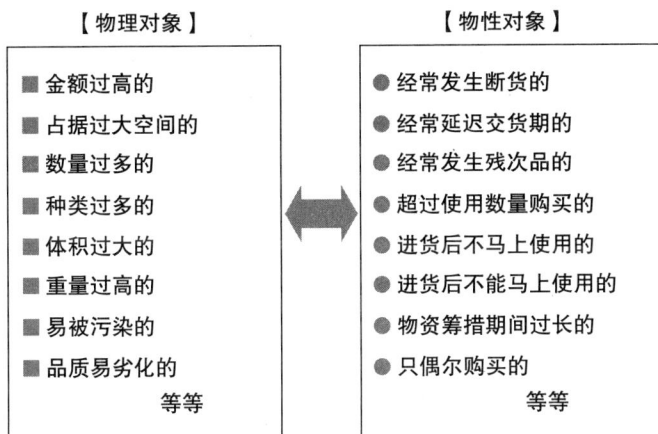

【物理对象】	【物性对象】
■ 金额过高的	● 经常发生断货的
■ 占据过大空间的	● 经常延迟交货期的
■ 数量过多的	● 经常发生残次品的
■ 种类过多的	● 超过使用数量购买的
■ 体积过大的	● 进货后不马上使用的
■ 重量过高的	● 进货后不能马上使用的
■ 易被污染的	● 物资筹措期间过长的
■ 品质易劣化的	● 只偶尔购买的
等等	等等

　　有时库存本身就是问题，而有时因为库存品的作用不同，库存的存在方式会出现问题。 比如需要时却经常发生断货的物品，使用量少却出现大量剩余的物品，使用后发现经常产生残次品的零部件，每当需要时还没有及时送到的采购品，等等，都是很多企业里会发生的问题。 这些库存品就是需要改善的对象，因为这些是没有发挥出库存作用的物品。 库存是谁都不想持有的，然而在必须持有的时候，就必须使其发挥出所具有的价值。

2-2　为何库存是必须的

▶——库存取决于进和出的条件

库存取决于进和出的条件，具体是什么意思呢？ 进是指进货、入库；出是指发货、出库。 所谓进和出的条件，是指量和时机，捆包单位与方法，运输单位与方法，以及场所等。 如果这些进和出完全吻合一致，则不需要库存。 如果进货的物品原封不动地马上以相同的状态被送出去，则交换的场所不过相当于一个储藏处，不会产生停滞。 然而现实中，存在着一段时间后的发货，也存在着发货的其他琐碎复杂的情况。

如下图所示，如果水管的水龙头的进水量正好等于蓄水池的水龙头的出水量，并且所需的时间都一样的话，就不再需要蓄水池。 正因为量和时间会有所不同，所以才需要库存。

◎库存取决于进和出的差别

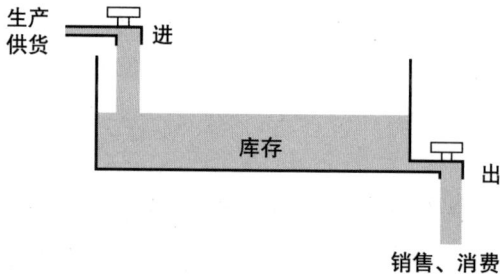

▶——比较进和出的不同

前面提到库存是由进和出的差别产生的，而进是指工厂及供货厂商，出是面向客户，它们的内容有什么不同呢？ 工厂一般来说倾向于将少数品种放在一起有计划地、花时间有效率地大量制作，而顾客的要求则是希望能在需要的时候立即获得必要数量的某种物品，甚至有的时候顾客会要求该物品分好几次交货。 库存就是为了解决这些差别问题才产生的。

由于进和出之间存在差别，所以产生了库存，但也不能因此就轻易地认为有库存是理所当然的。 前面已经提到，库存会对经营产生巨大的影响，要以尽量少的库存来运作。 为此，必须努力减少进与出之间的差别。

◎进和出的差别有哪些

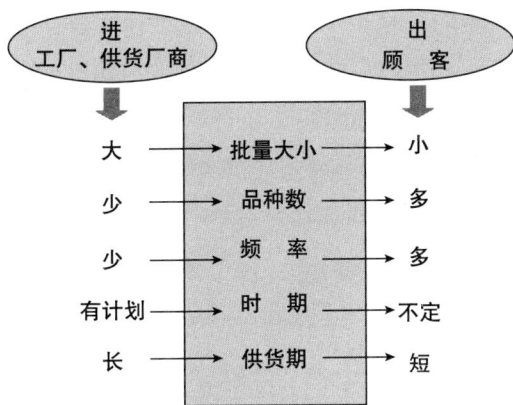

进 工厂、供货厂商		出 顾 客
大	批量大小	小
少	品种数	多
少	频 率	多
有计划	时 期	不定
长	供货期	短

为了消除库存，或为了减少库存，改善的中心是进的这一方面。 要配合顾客的要求对工厂及供货厂商的生产方式及购买方法进行改善。 而遇到困难的时候应该努力劝说顾客，让其配合供应一方。 在进行了这些进和出的改善之后，就该设法解决库存的形式问题了。

2-3 制造业的库存是如何产生的

▶——所谓预计生产就是按生产计划决定库存数量

在按订单生产的方式下，由于根据顾客的订单进行制造，所以不存在产品库存。而按预计生产的方式，由于制造先于接订单，所以会产生被称作"预制库存"的产品库存。此外，当考虑到订单可能会多次分批到来而提前一次性生产时，就会产生"统合生产"库存。如果在制定生产计划时预测的数量与实际的需要量发生差异时，还有可能产生"预测误差"库存。这些库存的出现都是生产计划造成的。由于实际上是根据生产计划来制造产品的，所以生产计划成了问题的重点。

按预计生产的生产计划的数量是通过销售数量和库存数量来决定的。销售数量是一个预测值。预测固然重要，然而要考虑到预测误差，在计划库存数量时要考虑误差值。所以决定库存数的方法是预计生产的关键。

▶——库存计划才是生产计划的关键

在拟定生产计划时要进行如下的计算。我们用下个月的生产数量为例来分析一下如何制定计划。

> 下月生产计划数 = 下月预计销售数 + 下月末库存计划数
> – 本月末库存数

下月的预计销售数要通过预测来决定，大家平时都会

感觉到很难预测得恰到好处。 不过本月末的库存数能推测
出今后近期内的库存，所以能得到一个基本准确的数值。

◎生产计划、制造方法与库存品种

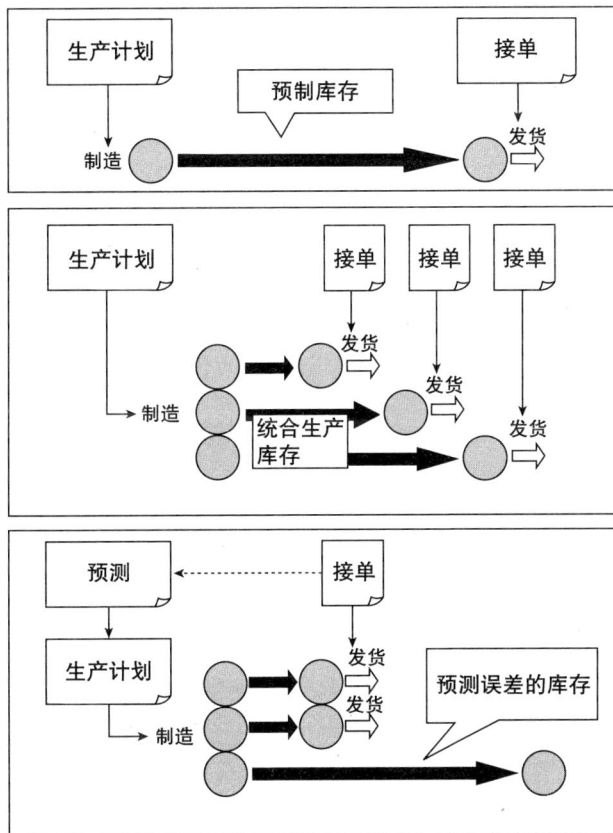

下月的库存计划数也包含了预测的误差，还包含了
预制库存与统合生产库存。 应该总结好这几项库存，充
分研究今后应该准备多少库存。 在决定生产计划数时，

往往单纯地采用之前的实际结果，然而问题在于库存计划数。 因为库存计划是生产计划中最为重要的内容。

2-4 流通业的库存是如何产生的

▶——物流中心的库存是为了应对客户吗？

物流行业从事的商业活动是从制造商处筹集商品，然后交送给客户。 其商品的流动如下页图所示，存在很多不同的方式。 无论哪种方式，只要进和出的平衡被打破，就会出现库存。 如果没有库存，就无法应付交货期短暂的情况。 此外，如果没有库存，可能会在接到紧急订单时造成断货。

如果接到客户的订单后发货的数量与从供货厂商、物资供应商进货的商品数量相同且时间吻合的话，则货物就不会积压在仓库或物流中心，能够在当天之内发货。 所谓的储藏处、联运中心就是这样的形式，报纸的配送站就可以看做是典型的联运储藏处。

如果可以在进货时只进要发送给客户的数量，就只需一个中转功能，而不需要库存。 而正是因为不能只进顾客订单上的数量，也不能保证立刻准时且低价地配送，库存才变得重要起来。

▶——门店的内仓库存是为了保证店面的商品齐全吗

摆放在零售店门店里的商品，是由客户直接购买走的。 畅销的商品需要补货，而要想马上补充到店里的话，就需要预先把商品放置在店铺的内仓库里。 然而，我们经常看到内仓库存里有很多不需要的物品。 有一次性购入过多的、有弄错了订货量而进货超出需要的、有日期过久需要退货的，还有能更换为新商品的……种种理由导致内仓里堆满了存货。

◎物流模式与库存地点
（▽表示库存或有暂置可能性的地点）

①工厂直接发货方式

②集中据点方式

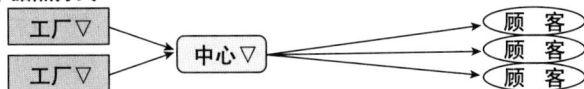

③多个据点方式

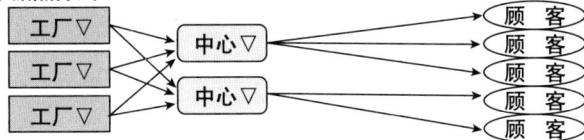

④多阶段据点方式

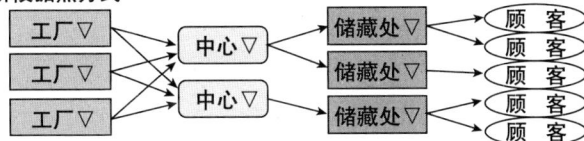

⑤配送据点方式

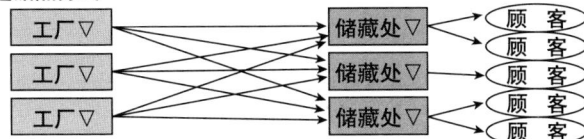

内仓库存是检验一个店铺管理水平的指标。 因为订货方法、采购方法、物流方法、实物管理方法、销售管理方法等的结果都会反映到内仓库存上。

2 –5　什么是库存管理

▶——什么是管理

本章一直在讨论有关库存的问题。 库存管理就是对库存进行管理，让我们来明确一下管理的意思。 所谓管理就是指：制定计划，并实行计划，检查结果，并应用到下一个计划中。 这被称为 Plan、Do、See 三步走，这三步要反复循环执行。 所以，仅仅是对事物进行检查还不能称为管理。

这个循环中首先要制定合理的计划。 如果没有计划，根本就无法谈到正确的执行。 并且正因为有计划，才能判断出执行的好坏与否。 企业的各种活动都需要在管理下不断执行，否则无法期盼得到切实的进步。 如下页图所示，Plan—Do—See 按照循环被反复执行，只有这样，企业里各自的职能、活动的水平才能得到提高。

▶——什么是库存管理

库存管理就是为库存制定合理的计划，并根据其计划执行，然后检查其结果并作出评估，最后将其应用到下一次的库存计划中。 为库存制定一个合理的计划，这根据企业的状况以及商品的特性等会产生差异，然而共通点是必须迎合客户的要求。 更进一步来说就是，应该计划做到尽可能地不出现多余的库存。

◎**管理的循环**

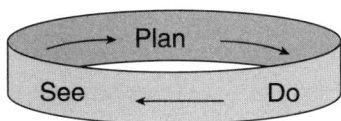

◎**管理的螺旋式结构**

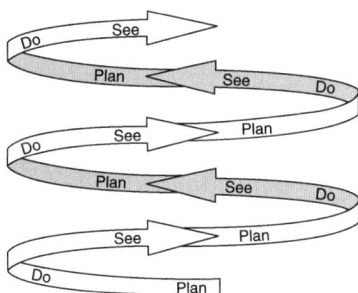

◎**什么是库存管理**

□为了应对客户的要求

□同时做到不出现多余的库存

□决定放置存货的具体位置（工程、场所）

□决定放置什么、放置多少

□一边运作一边确认其数量的多少

□不断进行合理的修正活动

023

一个明确的计划，必须具体到涉及一个库存，应该放置在哪里、放什么、放多少、以何种状态放置等内容。如果没有显示出这些具体的内容，那么这个计划就不够充分。如果只表示了全部的金额及数量，还称不上库存计划，必须扩展到能够执行的具体内容，而且在执行之后必须检查库存是否达到了预计的效果，然后再反馈给下一次的计划。总之，所谓库存管理，就是将客户放在第一位考虑，并且制定计划使库存维持在合理的水平，并落实执行，将结果活用到下一次计划中。

2-6 通过库存管理能改善什么

▶——通过库存管理实现提高销售业绩、削减经费、改善资金流量

如果库存管理能够做到立即回应客户的要求并且不让门店的库存断货，就能得到客户的信任，不断提高销售业绩。此外通过削减库存，可以削减库存利息、仓库费用等。削减库存以及妥善处理存货会间接地影响到制造、销售部门以及物流部门，减少不必要的作业、紧急作业和加班作业等，这样工作就能按计划顺利地进行。作为最终结果，就是可以使经费不断地减少。

通过库存削减带来的经营上的最大好处是改善了资金流量。在用于制造以及进货的费用中，未被销售而留

在仓库的货物所对应的部分能够减少，如此一来，就算销售业绩一样，由于支出减少，所以相当于留在手里的资金增多了。 商品成本哪怕再低，如果不卖出去仍然无法获得利润。 对于无法提高销售业绩的活动，应该严格管理。

▶——通过正确管理库存提高经营效率

为了正确地管理库存，必须时常监视库存本身，彻底分析各种变化。 要观察分析按商品区分、按顾客区分、按地区区分的变化以及周期性的变化，把这些状况

◎**库存管理能改善什么**

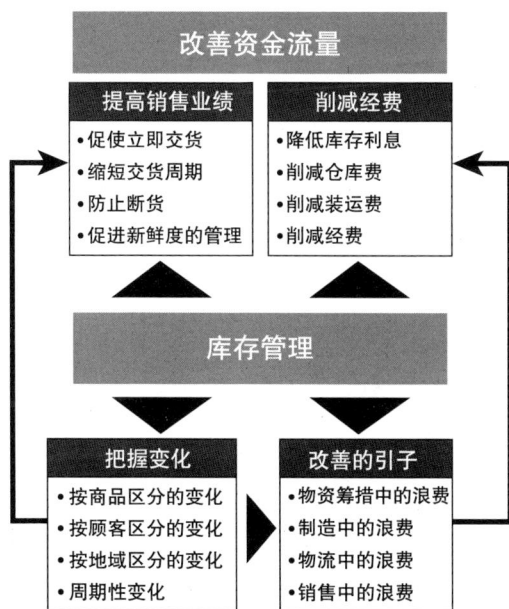

改善资金流量	
提高销售业绩 •促使立即交货 •缩短交货周期 •防止断货 •促进新鲜度的管理	**削减经费** •降低库存利息 •削减仓库费 •削减装运费 •削减经费

库存管理

把握变化	改善的引子
•按商品区分的变化 •按顾客区分的变化 •按地域区分的变化 •周期性变化	•物资筹措中的浪费 •制造中的浪费 •物流中的浪费 •销售中的浪费

反映到行销以及商品计划中去。 当然，这也表示相关的制造部门要相应地不断改变生产的方向。 库存管理就是这样发挥着引导企业活动方向的先锋作用。

此外，为了以较少的库存周转运作，必须去除各部门的浪费以及低效率的作业。 要将由于有库存而看不清的问题通过减少库存的方式暴露出来。 改善是没有止境的，作为推进改善的引子，需要彻底进行库存的削减。改善可能会扩大到制造、物资筹措、物流、销售、设计等各环节。 库存管理涉及的范围如此广泛，可以说是提高经营效率的一个巨大且至关重要的因素。

2-7 库存管理的范围

▶——库存管理的对象

库存的种类多样，有材料库存、零部件库存、半成品库存、完成品库存、商品库存、退货库存等等，可谓有什么样的货物就有什么种类的库存。 库存管理以制造部门为中心，涉及物资筹措、物流、销售等各部门。 在各自的职能中，会发生【进→保管→出】或者【进→暂置→加工→暂置→出】，这就使库存或半加工，成为了管理的对象。

对于这些在各自的职能下发生的库存或半加工，不仅要按职能区分，也需要通过整体来进行管理。 比如有时需要将制造中的数量、工厂仓库和物流中心的数量汇总起来进行数量管理。而当销售新产品时，库存管理就需要明确地把握包括老产品的库存量以及批发商在内的老产品库存量，来实现快速的处理。

▶——构成库存管理的职能

当库存管理按照 Plan—Do—See 的循环来运作时，在各职能下还会涉及各种各样的计划。各个计划都需要一个制定该计划的基准或标准，而在实施执行的时候必须进行非常具体的作业指示及作业准备工作。最后实际成果的评价要对照计划，比较数量、品质、交货期、生产性等等，并活用到下一次的计划中。

企业活动的职能如果用管理循环来分析，可以分成很多个要素。这些都与库存管理有着密切的关联。库存管理的对象、职能和领域的范围是非常广泛的，正因为如此，如果只是片面地去处理，则无法发挥十足的效果。令人非常遗憾的是，目前大多数的经营者和管理者都还以为库存管理只要由监管仓库的人来负责即可，相关负责人哪怕想在自己的职权范围内提高管理水平，也只会处处碰壁。所以正是经营者和管理者才应该对库存管理的对象之多、范围之广的概念有个正确的认识，并致力于解决这些问题。

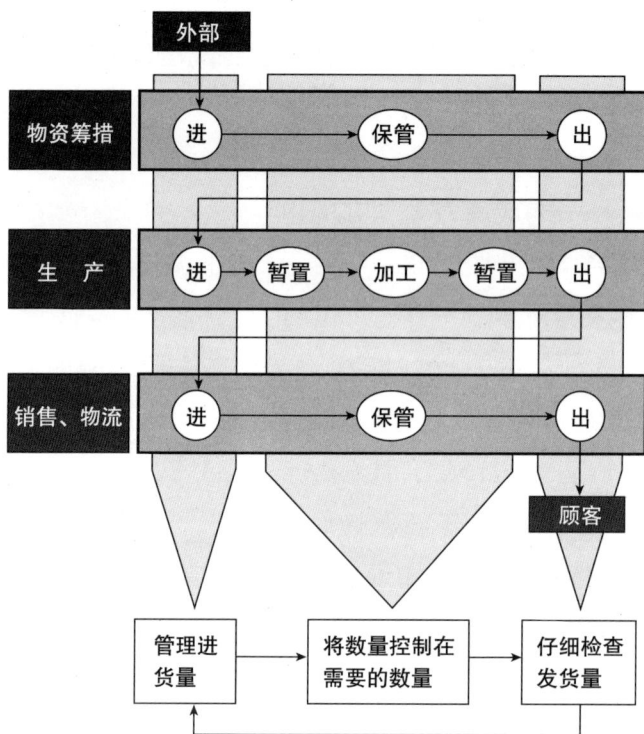

物资筹措: 进 → 保管 → 出

外部

生产: 进 → 暂置 → 加工 → 暂置 → 出

销售、物流: 进 → 保管 → 出

顾客

| 管理进货量 | → | 将数量控制在需要的数量 | → | 仔细检查发货量 |

2-8 库存管理与业务划分

▶——库存管理业务与相关人员

在开展管理循环（Plan—Do—See）时，需要有"计划制定人"、"计划执行人"以及"评价、统管人"。也有时候计划和评价、统管是一起进行的。 此外，由于

Plan 的范围广泛，所以很多情况下还会把 Plan 分为"企划"与"计划"来执行。 "企划"是指拟定库存据点的开展计划或不存产品只存零部件的计划等。 比如在物资筹措部门中，判断是在本公司制作还是购买（Make or Buy），决定供应商等的职能就相当于"企划"。

"计划制定人"在日常的业务中配合供应商、工厂的能力拟定必要数量的计划； "计划执行人"除了接收、发送货品的业务之外，还包括接收货物到保管场所以及盘货的工作； "评估、统管人"则要把握物资筹措及生产的进度，进行传达及监督，评估实际业绩。

▶——承担业务的必要能力

除了库存管理之外，企划、计划、执行、统管的负责人分别需要不同的能力。 负责企划的人需要具备洞察全局、收集信息、出好点子的能力；而负责计划的人则需要具备能够细致入微、顾及平衡并能够切实执行的能力。 执行人需要有坚强的意志，能够承担责任，认真办事；评价、统管的人则需要客观地观察事物，并能够准确提出观点。

无论什么样的业务，要想准确地执行，就必须认清执行该业务人员的能力，根据该员工的能力分配给他合适的业务。 为此就要分析每一种业务所必需的能力以及准确的定义和记述。 另一方面，还需要对每个人所具备的能力进行"盘点"，有时也称其为技能一览表或个人能力评价表。必须要对照比较业务所必需的能力以及个人所具备的能力，构筑妥当的业务体制。此外，通过这样的比较分析，教育以及改善的课题也就相应地明确起来。

◎库存管理相关人员的素质与业务内容

		计划人	企划人	执行人	评价、统管人
负责人应 具备的素质		·能够洞察 全局 ·会收集信息 ·有好点子	·对事物谨慎 入微 ·保持客观均 衡的思路 ·能够切实地 执行	·意志坚强 ·认真办事 ·责任感强	·能够客观看 待事物 ·能够明确表 达观点 ·责任感强
业务内容	物资筹措	·Make or Buy ·决定购货商 ·单价合同	·购买量计划 ·订货计划 ·交货计划	·发货意向 ·发货 ·接收、培训	·进度管理 ·督促 ·QCD 评价
	生产	·决定生产 形态 ·生产编组 ·教育培训 员工	·库存计划 ·生产计划 ·人员设备 计划	·作业指示 ·生产准备 ·作业、加工	·把握业绩 ·管理进度 ·QCD 评价
	销售物流	·库存据点 计划 ·各场所库存 计划 ·选定物流业 伙伴	·销售预测 ·销售计划 ·运输配送 计划	·指示合作 伙伴 ·指示发货 ·运输、交纳	·交纳管理 ·销售额管理 ·预算、业绩 管理

2-9 库存是谁的责任

▶——库存的责任是什么

在公司里，经常会追究库存的责任应该由谁承担。所谓责任，就是对于职责结果的评价。 当货品积压时人们才会讨论其责任的问题，然而当库存减少，资金流量好转时，却很少听到哪个部门或管理人被表扬。

所谓追究库存的责任，就是要对某人进行结果的评价。 而评价业务执行情况时，首先必须明确是谁在完成职责。 不明确职责的话也就没办法讨论责任问题，所以我们要从明确职责开始。

实际上，进行销售预测的人，制定库存场所计划的人，制定生产计划、库存计划的人，进行实物库存管理的人等等，从事与库存相关业务的人有很多。 库存的结果一般不会因为一个部门或某个人的工作而被左右，大多数情况下的结果是一个合力。 所以库存的结果必须追究到库存的缘由上，否则无法做出评价。

▶——追究库存责任不如来评估库存

评估可以先从根据原因、理由来区分明确库存的数量和金额开始。 例如对于销售预测与实际业绩的差距过大的品种，其库存还有很多的话，就可以说进行销售预测部门的负责人，责任重大。 再例如一种商品因为制造流程的限制，虽然预计销售的数量不多，却制造了过多数量的产品而导致库存积压的话，则该库存的责任就在制造部门身上。 又例如库存分散在很多个地方的仓库中而导致库存不断膨胀的话，则可以说该库存的责任在于负责企划物流据点的部门。

◎评估库存的方法

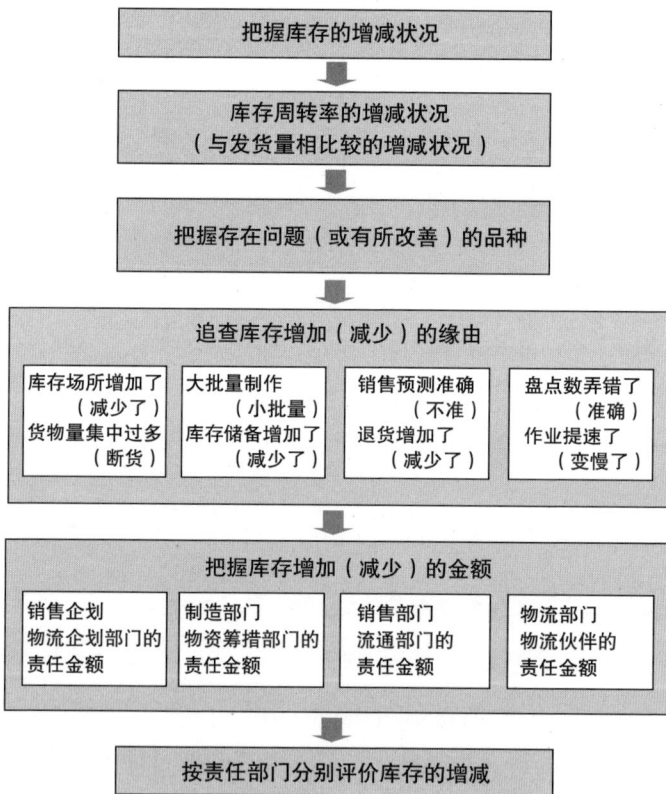

把握库存的增减状况

↓

库存周转率的增减状况
（与发货量相比较的增减状况）

↓

把握存在问题（或有所改善）的品种

↓

追查库存增加（减少）的缘由

| 库存场所增加了（减少了）货物量集中过多（断货） | 大批量制作（小批量）库存储备增加了（减少了） | 销售预测准确（不准）退货增加了（减少了） | 盘点数弄错了（准确）作业提速了（变慢了） |

↓

把握库存增加（减少）的金额

| 销售企划物流企划部门的责任金额 | 制造部门物资筹措部门的责任金额 | 销售部门流通部门的责任金额 | 物流部门物流伙伴的责任金额 |

↓

按责任部门分别评价库存的增减

　　库存评估，如果只在整体上关注库存金额、库存数量和库存周转率（库存天数）的话，是无法顺利开展下去的。 要想进行准确的评估，就必须按库存的缘由区分，来追查库存的品种。 实际操作时，只要把握重点品种群，然后在其中按品种区分来追查即可。

033

第 3 章
库存管理的方法

3 - 1　库存管理的方法

▶——进出与剩余的管理方法

之前已经谈到，库存取决于"进"和"出"的关系。　现在对库存管理的方法也分为"进"和"出"进行讲解。　"进"的管理方法，针对的是供货商以及生产部门的订货方式。　订货方式分为几种，而最基本的是以订货的时机和订货量来逐步缩小范围。　选择了合适的订货方式以后，就可以进一步控制"进"的量了。

另一方面，"出"的管理方法并不是库存管理所独有的。　"出"就是销售，也是消费。　如果预计的消费很明确，那么比如生产计划的数量或订购量就可以原样照搬地作为预计的"出"即可，然而销售时则必须进行需求预测或者销售预测。 从这个意义上来说，预测方法也要作为库存管理的方法加以灵活运用。

除了"进"与"出"之外，管理"剩余"的方法也是必须的。 为了准确掌握"剩余"量，对于盘货方法、保管方法、整理整顿的方法等，都必须要合理而灵活地运用。

▶──管理"进·出·剩余"时需要改善方法

实际上，并非单纯地适用了订货方法、预测方法及盘货方法就能顺利地进行库存管理。 这是因为要想在库存管理中不出现问题，就必须精选合适的对象，调查其

◎"进·出·剩余"的管理方法

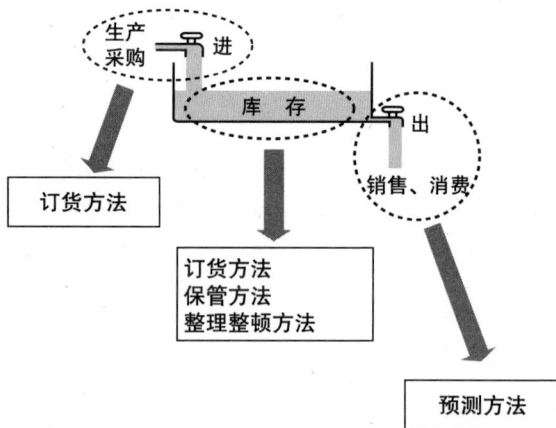

生产采购

进

库 存

出

销售、消费

订货方法

订货方法
保管方法
整理整顿方法

预测方法

◎在管理"进·出·剩余"之前应做的事项

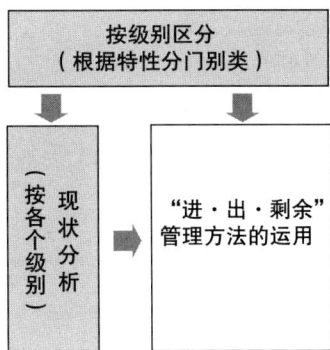

```
┌─────────────────────┐
│      按级别区分       │
│  （根据特性分门别类）  │
└─────────────────────┘
     │              │
     ▼              ▼
┌────────┐    ┌──────────────┐
│（按     │    │              │
│  现     │    │  "进·出·剩余" │
│各 状    │ ▶  │  管理方法的运用 │
│个 分    │    │              │
│级 析    │    │              │
│别       │    │              │
│  ）     │    │              │
└────────┘    └──────────────┘
```

详细的状况，合理地适用订货方法。 那些大量且持续使用的物品与少量且偶尔使用的物品之间的订货方法存在不同，而且还必须改变库存的保有方式和放置方式。 所以需要将对象品种以各种不同的观点进行等级分类，以所分的单位来调查状况，制定改善方案并执行。 该等级分类以及按单位进行管理被称为"分层管理"，这种"分层管理"的思路，必须使用到所有的事项中。

3-2 分析库存现状的视点

▶──多方面选择分析现状的方法

分析现状前，首先要明确采取怎样的方法来实行。人们往往以为库存就要"先从分析数据开始"，然而，比起一上来就进行数据分析，如果询问一下对整个库存有了解的人"什么商品的存货过多？""哪个仓库的存货过多"等问题的话，才能够明确应该从何处入手。 当仓库大量分布于全国各地时，还需要对各个仓库的经理提问题或请他们配合问卷调查。

除此之外，还可以调出以往的库存资料加以利用，或者从经营会议的议事记录中了解上层领导对库存的相关指示。 甚至有时还可以找出以前总结好的资料，诸如物品的流向以及信息系统的流程图作为参考。 以上这些都可以称作是资料分析。 当然，还可以实际去仓库现场调查，进行详细的观测，因为观测现场能够让很多以前没有注意到的问题变得更显而易见。

▶——分析现状要分析结果更要追查原因

现状分析的最初内容应该是把握库存的金额、数量、库存周转率和库存月数等。 除了公司的汇总统计外，还包括按商品群和按仓库的分类。 当然，按月分析和按季分析的数据最好也要掌握。 不过要注意的是这些现状的分析全部都是对库存结果的分析。

实际上，对库存的现状分析中最难的是对原因的分析。 如果不追查到库存的原因，那么就算对库存的结果分析得再好也无法做出改革。 应该分析思考为什么会产生库存，并调查其原因的处理过程、系统、公司的结构、组织及运营体制。 这里所谓的"分析思考"指的是建立一个"假设",切记每一次原因分析的开始,都有一个"假设"的存在。

◎分析库存现状的方法和内容

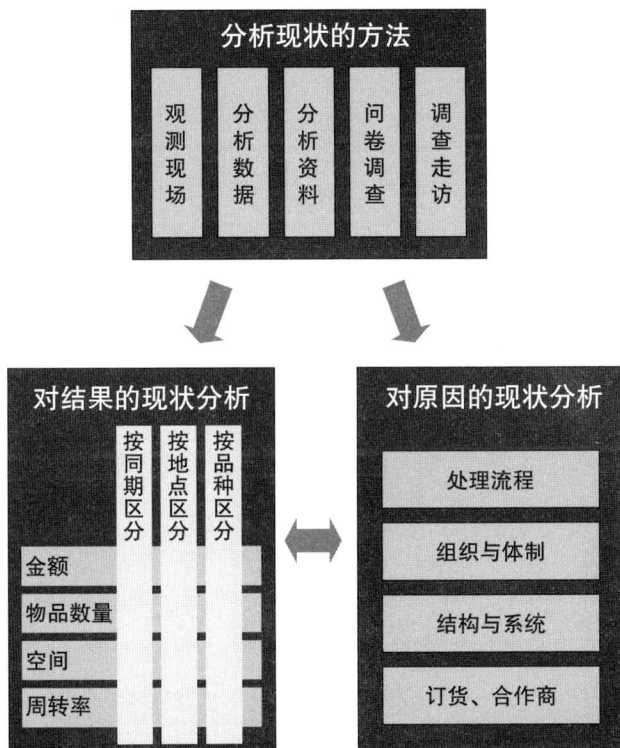

3-3 注意库存的变化

▶——库存每时每刻都会发生变化

在现状分析中,对库存状况的把握理所当然是一项非常重要的调查项目。 具体要把握例如现在有多少库存、库存地点以及商品群情况如何等等。 同时我们还需要知道，这项库存具体是哪个时间点的状况——是上月末的状况？ 还是昨天的状况？ 或者是最近一次决算时期的状况？

　　库存是在不断变动的。 当月末的出货量大的时候，相应地月末的库存就会变少。 季节性商品在进入需求旺季前，有可能在仓库里堆积如山。 所以我们要问自己是否把握了库存的金额、数量的状况随着季节、月份、天数、时间的推移产生的变化；当变化大时，库存多或少的时候是否相应地改变了管理方法；借给外部的仓库空间是否还停留在同样大小。 库存的变动是在销售及消费变动了而物资筹措及生产还原地不动的时候产生的。 必须对变动进行追查，然后找出解决方法。

▶——掌握变动趋势控制库存

　　库存是时刻都在变动的，所以我们至少要把握过去一年时间里每个月库存变化的推移情况。 如果将库存金额、数量以及库存周转率（以月份为单位）跟上一年进行对比，就更容易把握变化情况，也更容易看出问题所在。

　　季节变动或月间变动都有一个大体的模式。 如果这个模式出现了变化，就需要格外地注意。 库存量的模式

◎**库存变动的模式**

（1）用于储备新制品的库存

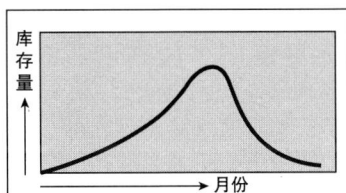

库
存
量

月份

（2）为应对季节变动的库存

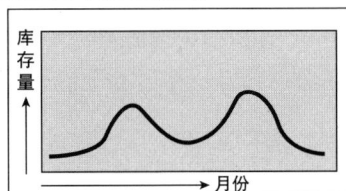

库
存
量

月份

（3）按月份变动的库存

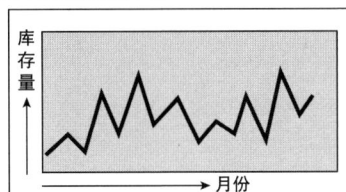

库
存
量

月份

（4）每天变动的库存

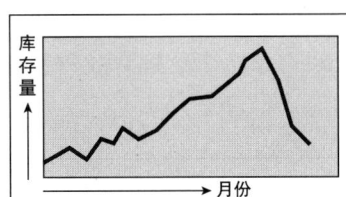

库
存
量

月份

041

改变的话，就说明消费以及使用的模式改变了。 这也说明企业要应对的客户一方的状况发生了变化，所以这也是我方必须对供给体制作出改变的信号。 因为库存是多种活动联合产生的结果，所以必须时刻掌握其动向，不断找出有问题的商品群、价格带、地区、顾客等等。

3-4　通过库存周转率考察效率

▶——库存必须通过周转率来把握才看得清

所谓的库存多还是少，是以什么标准进行判断的呢？ 与以前相比库存金额、数量增加了——这样表示库存增多是不准确的。 库存是为了使用而存在的，所以只有与使用数量相比较才能判断是多是少。 理论上来说要与应使用的量进行比较，不过一般来讲未来应使用量是未知的，所以经常是以上次的量或迄今为止的平均使用量来进行判断的。

如果预计使用为 100 而库存只有 50 的话，则库存周转率就为 2。 相反，如果预计使用为 50 而库存为 100 的话，则周转率为 0.5。 如果预计使用的期间以年为单位，则成为年度库存周转率，如果是按月的使用量，则成为月度库存周转率。 使用较多的是年度周转率，此外在计算库存月数或库存天数时，也经常用到其倒数。

▶——周转率高则资金流量的效率就高

库存周转率高，就说明库存马上就能被使用掉。 因为这直接与销售额挂钩，所以如果能毫无停滞地回收资金，企业就能不断获得利润。 由于在制造或购买商品时，要马上支付资金出去，所以资金迅速入账对于企业经营来说是非常值得高兴的事。

◎库存金额与库存周转率

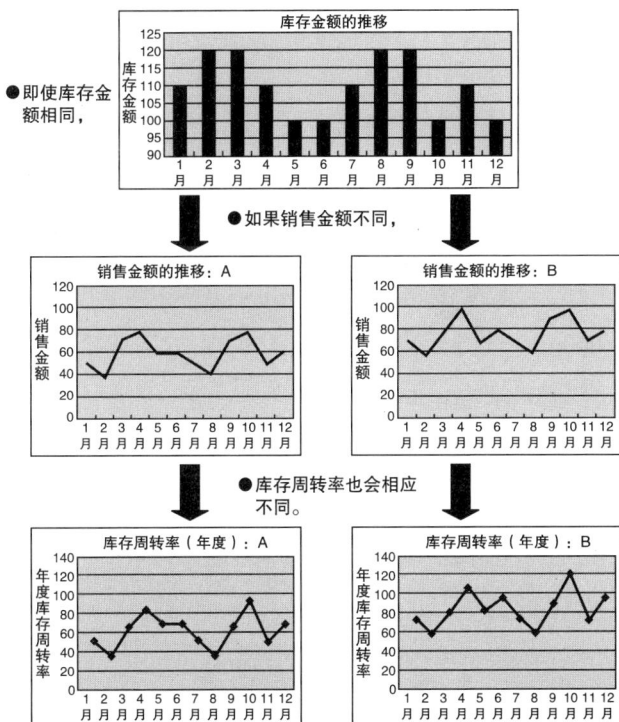

●即使库存金额相同，

库存金额的推移

●如果销售金额不同，

销售金额的推移：A / **销售金额的推移：B**

●库存周转率也会相应不同。

库存周转率（年度）：A / **库存周转率（年度）：B**

043

库存周转率越大，对企业经营的益处也就越大。 不过在不同行业的制造商之间，库存周转率有很大的差别。 比如家用电器等的预计销售品一年里有 8 ~ 12 的库存周转率是很常见的。 而在食品等行业则周转率更高，一般为 12 ~ 30。 甚至有的商品，在库两至三天就会周转一次。 库存的周转率会影响到企业财务上的内容，对商品的新鲜程度也有影响。 所以必须时常监视库存的周转率，不断调整对策。

3-5　区分库存的等级

▶──划分品种的等级类别

一般而言，当管理或处置的对象种类繁多时，如果都用一种方法对待处理的话，很容易产生问题。

库存管理也是同样的道理。 大量使用的物品与少量使用的物品，肯定不能持有相同数量的库存。 保管方法也不能一概而论。 例如当物品的大小尺寸不同时，甚至连货架的规格都要变更。 而每天都要发货的物品理所当然要放在靠近仓库出口的位置；至于那些一个月也未必发一次货的物品，只能放在仓库靠里面的位置。

对于商品及资材，我们应该根据它们的发货量、发货频率以及发货量的偏差进行登记和分类。 而且不仅是发货量，还需要以进货的周期及进货量等来区分。 之前提到过,划分类别叫做"等级区分",而"等级区分"的思路就是用各种观点进行对象分析,来区别它们的特性。 这一思路非常重要,希望各位读者能够牢牢掌握。

▶——按不同的等级区分来决定管理方式

进行等级区分的对象不只是商品及资材等种类,有时也要对客户、物资供应商、外包商进行分类,甚至还要对仓库及营业场所进行分类。

◎划分等级的对象

物品	产品、商品、加工品
	半成品、零部件、原料、资材
	新产品、积压品、退货物品
场所	仓库、物流中心
	营业场所、分公司
公司外部	顾客、老客户
	供应商、销售商、外包商

◎ABC分析的示例

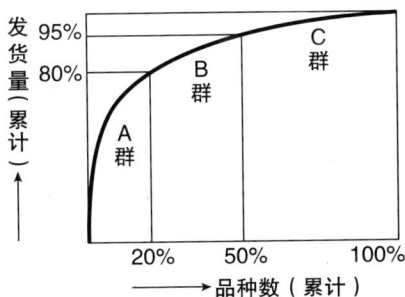

发货量的分布偏差 发货量	分布偏差大	分布偏差小
大量	原则上分散存放于地方仓库	在地方仓库配置基本数量
少量	集中保管于工厂仓库	仅当远距离时保管于地方仓库

在这些等级区分中，具有代表性的是"ABC 分析"。按数量由多至少排列品种，数量上占 80% 左右的定为 A 品，其次数量少的，占 15% 的品种群定为 B 品，剩下的定为 C 品。 然后将 A 品作为重点品种进行管理，C 品采取大幅度简化的方法，而 B 品则在一定的循环内进行管理，绝不过分插手。 这种"ABC 管理"是比较基础的管理方法，只要方法得当，就能够做出巨大的贡献。 至于难度大的、复杂的方法，未必就是恰当合理的方法。

将按等级区分过的物品重新组合，可能会产生新的管理视点。 在此建议读者们尝试各种排列组合，找出合适的方法。

3-6　分析库存找到问题

▶——归纳总结要力图简单明了

管理库存，首先要分析现状，之后必须将进行调查的内容通知相关人员，推进改善。 为了更好地传达，必须将内容以简单易懂、能够切中要害的形式进行说明。当在库存管理中想让听者意识到目前库存量增加的严重性，与其只用几张数据表，不如用图表展现出来，更能让人在最短的时间内清楚地了解。

我们要学会尽量用各种图表来呈现问题状况。 比起用长篇大论，使用各种图表会具有更强的说服力。 下面的图表就是一个范例。 最近，还经常有人通过添加数码相机拍摄的照片来增强说服力。 能够简单明了地向听众汇报发表，在任何领域都是非常重要的。

◎直观表现出问题的图表例子

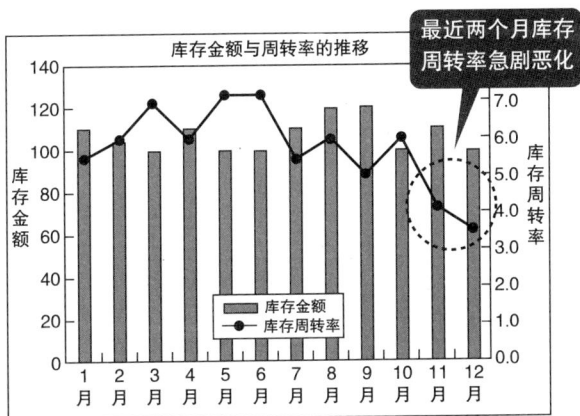

▶——通过库存管理查明有问题的品种

库存管理涉及众多的商品以及资材，所以如果不简

047

单直观地表示出问题所在，就容易导致相关人员抓不到重点。 下面我们就来尝试做一张图表，使其能够在库存管理的分析中一目了然地呈现出问题的所在。

如下方的图表所示，该图表显示了不同品种的库存金额与在库月数。 图表的左上方的部分虽然库存金额多但是在库月数少，所以库存周转率良好。 而右下方的品种在库月数很长，是个问题，不过库存金额并不大，所以不是库存削减的重点对象。 而右上方的品种不但库存金额多，而且在库月数也长，所以是库存削减的对象。使用这张图表表示出不同商品群的数值，就能明显地看出整个公司中哪些商品群出了问题。 希望各位读者也用该图表试分析一下自己公司的库存情况。

◎每个品种的库存金额/库存月数状况的例子

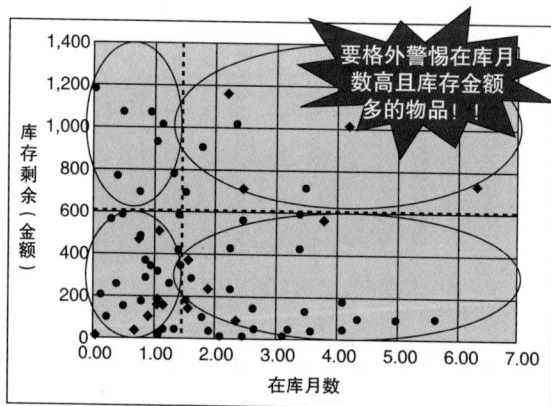

要格外警惕在库月数高且库存金额多的物品！！

为了简单直观地呈现现状分析的成果，除了各种图

表，还有很多方法。 希望大家不断尝试、找出最适合的
表达方式。

3-7 订货方式的种类

▶——控制库存的订货方式

前面提到，为了将库存调整到必需的数量，就需要
对"进"做限制，而控制"进"的就是进货。 要进货就
要订货，也就是说，要想控制库存，就必须准确地应用
订货方式。 所以说，库存管理方法的中心其实就在于订
货方式。

订货方式，根据订货时机与订货数量的组合，可以
分为几种不同的订货方式。 所谓定期性的，是指一个月
或一周订货一次；而不定期则是指每当必需时才会订货
的方式。 另一方面，根据订货量分为每次均订购固定数
量的定量订货方式和只订购必需数量的不定量订货方
式。 因此就出现了两种需要讨论的订货方式，分别为定
期不定量订货方式和不定期定量订货方式。 另外，定期
定量的订货方式，通常要求所使用的量必须保持稳定，
所以一般来说不常用。 而至于不定期不定量，由于是在
必要的时刻订购必要的数量，所以不存在库存管理，故
在此不作为讨论对象。

▶——订货方式可根据品种的特性来区分应用

定期不定量的订货方式，是为了让制造公司及工厂生产运作而定期订货的方式。 如果销售商需要定期订货时，也采取这种方法。 订货量需要每次预计必需的数量。 所谓必需的数量是指预计的消费量，或者预定的销售量以及生产量。 决定订货量时，通常要小心谨慎地进行预测估计。 因此，这种方法一般多适用于价格高的品种以及数量大的品种。

另一方面，不定期定量的订货方式则是决定好标准，机械性地订购决定好的数量。 因此，每次均不太需要人力的判断而可以自动地订购大量的品种，所以可以说是简便化的方法。 但是，标准必须慎重地决定。

◎订货方式的种类

订货量 订购时机	定量	不定量
定期	由于必须是完全稳定的数量，所以可适用的对象很少	定期不定量订货方式
不定期	不定期定量订货方式	由于仅在必要的时刻订购必要的数量，所以不在库存管理的范围之内

◎订货方式及适用对象

品种数	一定数量的品种	数量大的品种
物品数量	大量物品	少、中量
变动	变动大	变动小
价格	高价物品	低价物品
重要程度	重要物品	不重要物品
	定期不定量 订货方式	不定期定量 订货方式

3-8 定期不定量的订货方式

▶——向生产商订货原则上遵循定期不定量

向制造公司或制造部门订货或委托其进行生产时，订货的时间通常都是事先决定好的。 比如规定次月的订货要在当月的 20 号之前完成等。 接受了订货的一方要在其截止日期前集中收集订单，制定生产计划或添加预留部分等。 定期性的订货对于订货一方来说是进行下一步生产的重要一环。

订货的时期是以固定的周期（按月或者按周）来进

（订货周期=按月的例子）

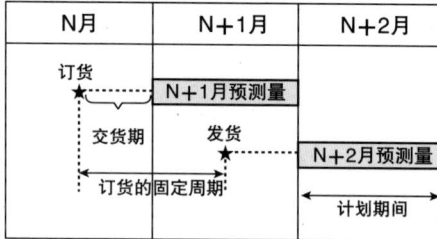

N月	N+1月	N+2月

订货
★ ┐ N+1月预测量

交货期　　　发货

　　　　　　★ ┄┄ N+2月预测量

订货的固定周期

计划期间

◎预测与实绩状况变化的例子

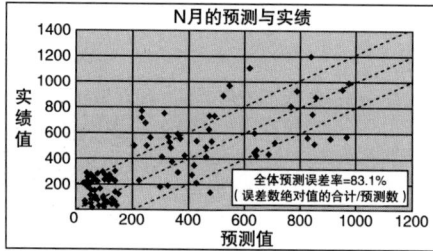

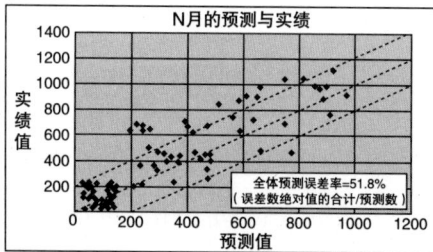

N月的预测与实绩

全体预测误差率=83.1%
（误差数绝对值的合计/预测数）

N月的预测与实绩

全体预测误差率=51.8%
（误差数绝对值的合计/预测数）

行，而订货数量则是该计划期间的预计消费量和交货期间消费量的总和。 例如，想要第 2 个月的消费数量，假设从订货到进货的时间为半个月，则要在第 1 个月过半之前订货并在第 2 个月初始时完成进货。 请看上面的

052

图，如刚才所举例子一样，在一段固定期间内估计预定消费，并定期反复进行订货的方法，就叫做"定期不定量的订货方式"。

▶——定期不定量的订货方式的关键在于预测方法

定期订货的业务会反复进行，所以只要订货步骤本身达到了系统化，就不会花费过多劳力。 问题在于消费数量的估计以及预测的方法。 预测不准是时有发生的，所以大家都想努力寻找出预测得更准的方法。 不过遗憾的是，预测失误是再正常不过的了，正好猜对了的情况不过是偶发事件。 虽说如此，我们仍然需要不断寻找能正确预测、尽量减少失误的方法。

应该以预测可能失误为前提，把握预测不准的误差来进行管理。 所谓误差，就是"预测值－实绩值"。这个值的绝对值越小则说明预测精确度越大。 我们需要时常把握这个预测误差，通过进行了预测的品种单位来算出预测误差，并监测误差的状况，通过与上次相比来看本次的变化。 如果预测的误差变大了，则需要更改预测方法或改变标准，确立更高精确度的目标。

3-9 定期不定量订货的实例

▶——机械生产商订购零部件的流程

这一节我们来看一下某机械生产商的定期不定量的

订货方式。 该工厂的产品生产过程是将在外部供应商处加工的 500 种零部件于公司内组装并进行检查的一个过程。 组装和检查要花大约 10 天时间。 工厂要求用于组装的零部件要在组装前 3 天内交货。

我们来分析一下该生产厂家制定计划的状况。 首先，每个月要制定今后 3 个月内的销售计划。 在其销售计划的半个月之前要完成组装，进而要在组装完成的半个月之前完成零部件的交货。 从组装计划计算零部件的需要数量，按日拟定零部件的交货预定计划，然后订购该物品。 如此这般，生产商在进行订货之前，产生了一个"组装—零部件加工—交货"从消费起倒推算来决定必需数量的过程。 详细请参照下页的图表。

▶——订货量的基础是预测需求

该公司在全国持有经营网络。 以前，该公司让各个营业网点提供各机种的预测销售数量，并将其汇总作为销售计划。 但是，各营业网点的预测数量的总和往往会整体上膨胀，所以总是超过了实际。 于是该公司改变了这种做法，从此由销售企划部门根据以往的实际效益数据对销售进行预测。

预测的方法是使用过去的数值，反复进行模拟来决定的。 该公司研究的预测方法有移动平均法（3 个月、6 个月），上年度同月比例法（上年度同月的值乘以目标成长率），指数平滑法等等，同时也研究了一些修正过的方法。 他们最终采取的预测方法如下。

首先计算出过去 3 个月的平均值，然后将该值与上一年度的值进行比较，并选择较大的值。 这种方法虽然简单，但在该公司取得了理想的效果。

◎定期订货的时机图表

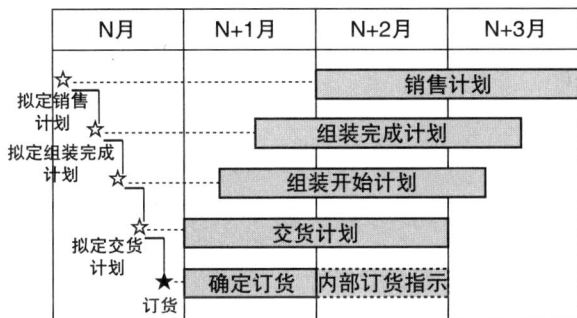

	N月	N+1月	N+2月	N+3月
			销售计划	
拟定销售计划 ☆		组装完成计划		
拟定组装完成计划 ☆	组装开始计划			
☆	交货计划			
拟定交货计划 ★ 订货	确定订货	内部订货指示		

◎预测方法的例子

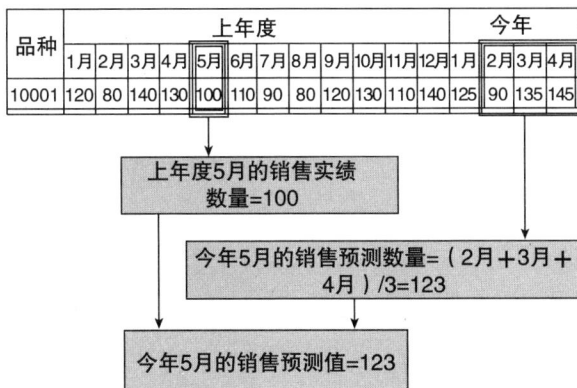

品种	上年度												今年			
	1月	2月	3月	4月	5月	6月	7月	8月	9月	10月	11月	12月	1月	2月	3月	4月
10001	120	80	140	130	100	110	90	80	120	130	110	140	125	90	135	145

上年度5月的销售实绩数量=100

今年5月的销售预测数量=（2月+3月+4月）/3=123

今年5月的销售预测值=123

055

3 – 10　不定期定量的订货方式

▶——仅需在必要时准备固定数量的便利方法

　　所谓不定期，就是指订货的时期不固定。仅在必要时购买，这对购买方来说是非常便利的。只是，对于销售方或提供方来说，突然有订货，会措手不及。所以为了应付紧急的订货，必须要提前准备好现货。因此，品种大多是消费资材，具有代表性的是摆放在超市、便利店及零售店的商品等。对于那些要反复使用、具有多种用途且具有共通性的物品，多使用此种方法。

　　所谓的不定期而定量，是指在必要时购买的数量为固定量。定量分为自己决定的数量和销售方决定的数量两种，但一般来说数量都是易于购买的单位数量。打个比方，为了让家里的冰箱里时刻保持有罐装啤酒，如果只剩下 1 听了，就要买 1 小箱 6 听装的来补充。这种方式就叫做不定期定量方式。

▶——不定期定量方式的关键在于订货时间点与订货数量

　　这种订货方式由于是在必要的时候订购，所以非常便利。然而也必须明确和决定好订货的时间。再以冰箱里放罐装啤酒为例，必须事先定好标准，比如只剩下 1 听的时候就要购买新的。这称为订货标准量或订购点。

比如在企业里库存少于 50 个就订货，这就叫做决定标准。 这个标准取决于一个前提，即在订购的物品交货前，只要持有 50 个就不会出问题。

在不定期定量的方式下，原则上订货数量保持每次相同数量。 如果使用的量发生变动的时候，只要将订货的数量固定，而订购的次数或频率可或多（大）或少（小）。 否则就无法应对变动，所以要灵活地掌握订货的次数。 关于订货数量，对于预计数量多的就决定为大订货量，而预计少的则定为小订货量。 关于具体的标准，请各位读者参考后述的库存标准的决定方法的章节内容。

◎不定期定量的订货方式的特征

订货时期	在必要时
订货数量	事先规定好的一定量
适用的对象	持续性使用的物品
价格带	不属于高价的物品
物品规格	一般物品、普及品
适用品种数	多数
订货作业	可自动化机、可械化
方法名称	订货时间点法、OP法、ROP法
必要的标准	订货时间点（OP）、订货量（EOQ）

品种	1 周	2 周	3 周	4 周	5 周	6 周	7 周	8 周	9 周
A	100		100	100		100		100	
B		50	50		50		50	50	
C	30			30		30			
D		100			100		100		30
E	50			50		50			50

3-11 不定期定量订货的实例

▶——示例：以不定期定量订货方式补充地方仓库的库存

以下所列举的是在工厂生产产品，并在全国进行销售的电器公司的例子。该公司在全国有 6 处商品仓库，如果接到了客户的订单，就必须在第二天送货上门。因此在原则上，各个地区都配置了全部的品种。在工厂的仓库里，每一个品种也理所当然地准备了 1 个月以上的存货。虽然这与以前相比库存已经减少了很多，不过地方库存的合计数量仍然超过了 2 个月的分量。

后来该公司对于地方仓库的库存量做出了改变，过去是按从实际业绩到品种不同来决定库存标准，现在采取的是少于标准（订货时刻）量时就订购一定数量的方式。而订货时间点则定为安全库存量加上订货到进货期

间平均消费量的一个数值。 至于订货到进货的期间，是
指从委托工厂补充货品到进货放于地方仓库的期间，只
需3天就够了。 每天通过电脑自动地检查库存与订货时
间点，相关负责人只需确认哪些是必要补充的物品并委
托工厂进货。 通过这样的方法，地方仓库的库存减少了
一半。

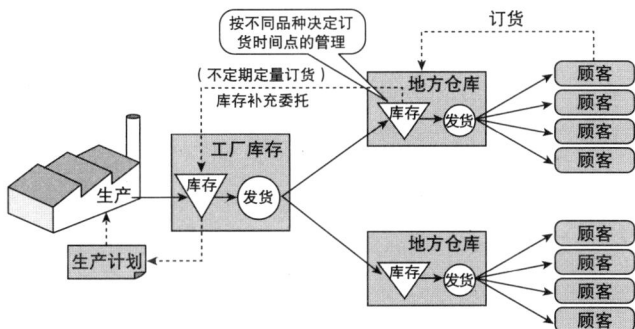

◎补充地方仓库库存的方法例子

▶──示例：以不定期定量方式指示半成品的生产

下面举例的是一家进行染色、加工后发货的纤维制
造工厂。 虽然染色和加工是根据客户的要求按订单生产
的，不过用于染色加工的白底面料则采用按预计生产的
方式，所以要提前持有库存。 白底面料的制造除了工厂
内部，大多数是交给外包商，很多时候还会让中国的企
业生产。 白底面料的库存大多是共通品，为了尽可能地
压缩库存，该工厂采取了不定期定量方式。

059

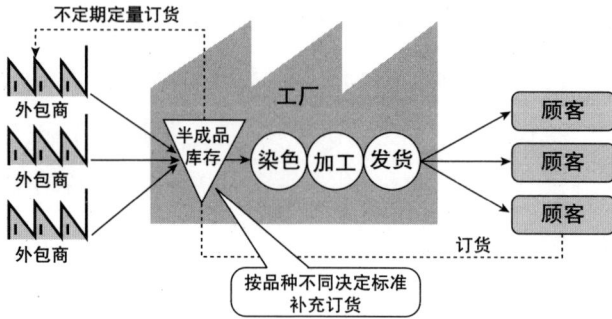

◎以不定期定量方式指示半成品的生产例子

具体做法是：分析白底面料的消费实绩，季节性地改变基准，而当库存变少时，则订购此白底面料。 订货到进货的交货期设定为 20 天（国外另设），订货量则与外包商进行交涉，尽量以小批量生产。 由于存在季节性的变动，所以在需求期到来之前保证存货是非常重要的。

3－12　其他的订货方式

▶——不定期定量的订货方式大多数会进行调整

不定期定量的订货方式被称作订货时间点法或 OP（Ordering Point）法、ROP（Reordering Point）法等。这类方法要决定标准值，如果低于标准线就需要订货。实际上，不同的公司会对这种方法作出不同的调整。 作出调整的要点是订货的标准线和订货量。 也就是采取更加简化的方法或采取在实际中修正的方法。

将订货的标准线简化的方法就是"双仓存货（Double Bin）法"。 这种方法要准备 2 份，如果用完 1 份就订购 1 份。 这种方法的订货时间点和订货量都很简单，所以很多情况下能够适用在数量较少的品种上。 此外还有调整订货量的方法，比如当库存大幅度地低于库存标准线时，可以将订货量改为原订货量的 2 倍进行订购。

◎双仓存货法的概要

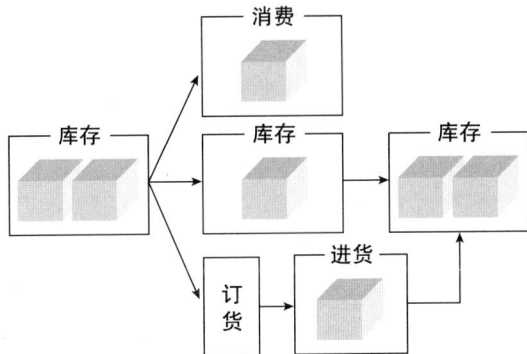

▶——将定期不定量的订货方式简化为一次加满的方式

定期不定量的订货方式的优势在于定期。 因为在规定好的日期进行订货和准备，所以计划容易制定。 然而，每次预测订货量会消耗一些劳力，因此，要事先决定好库存最大持有量的标准，然后定期地进行补充以保证该库存量。 这种思路类似于给汽车加油。 所以可以算是"一次加满的方式"。 其实该方法的正式名称为

061

"定量标准维持方式"，不过笔者本人称其为"Max 标准维持方式"（简称 Max 法）。

◎Max标准维持方式的概要

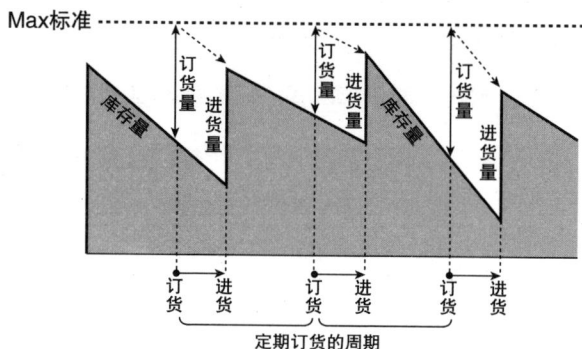

与当场加满汽油所不同的是，"Max 标准维持方式"还需要预先估计好从订货到进货期间会消耗的数量。 不过，如果事先就规定好最大量（Max 标准），运作就简单了。 定期订货的作业是非常好用的，通过这种方法，能够使中等重要程度品种的管理简单化。

3-13 多种多样的预测方法

▶——预测一般按时间顺序来分析

说到需求预测，人们往往以为要使用公式进行非常难懂的计算，其实进行预测有多种不同的方法。 有的是根据对象商品及市场状况，还要直接询问客户或让营业

员做出预测。 不过，由于过去的实绩数据是铁定的事
实，所以多数情况下利用这些数据来进行未来数据的预
测是比较合理的。 而使用过去的数据来把握未来动向的
方法就叫做"时间顺序分析法"。

　　时间顺序分析法就是将过去的实际业绩进行平均计
算的方法，但计算的期间不同，会是 1 整 年、6 个 月或 3
个月。 这不是简单的平均法，还包括了附加权重的平均
算法，比如 1 个月前为50%，2 个月前为30%，3 个月前
为20%，这叫做"加权平均法"。 平均计算的期间要和
所预测的时期相符合，要使用最近几个月的数据，所以
称为"移动平均"。 另外，"指数平滑法"将加权应用
在指数上，是便于使用的方法。 无论是哪种方法，都要
进行模拟，通过比较选择合适的方法。

▶——灵活运用季节指数

　　几乎所有的商品都会根据季节的不同而产生需求的
变化。 比如服装类，除了消费者在实际中会根据时期不
同去店铺购买，用于制造生产服装的原料及零部件的厂
商也会受到季节变动的影响。 还有的厂商会受到政府机
关在期末采购习惯的影响。 我们应该用数据明确地掌握
这些变动的状况。

　　下面的表显示了按月统计的销售量以及将其平均值
设为 1 时的各个月的指数。 比如 1.2 这个指数就表示它

时间顺序分析法	掌握对象物品过去需求量的变化，将其延长进行预测
相关分析法	把握对象物品的需求量与相关的指标，将其适用
意见累积法	直接听取顾客的消费预定，将其累加作为预测的需求量
样本法	听取一部分顾客的意见，以此推测整体

◎平均法与加权平均法

实际业绩数据

月份	1月	2月	3月	4月	5月
业绩数据	100	110	90	120	

3个月间的简单平均

4月预测（100+110+90）÷3= **100**

5月预测（110+90+120）÷3= **107**

月份	1月	2月	3月
加权	20%	30%	50%

3个月间的加权平均

4月预测（100×0.2）+（110×0.3）+（90×0.5）= **98**

5月预测（110×0.2）+（90×0.3）+（120×0.5）= **109**

◎季节指数（月指数）的例子

月份	1月	2月	3月	4月	5月	6月	7月	8月	9月	10月	11月	12月
业绩数量	80	60	130	120	90	70	100	80	130	150	90	100
指数	0.8	0.6	1.3	1.2	0.9	0.7	1.0	0.8	1.3	1.5	0.9	1.0

下年度的总量预定为1500时的每月预定数量

预测数	100	75	163	150	113	88	125	100	163	188	113	125

1500÷12×指数

是平均值的 1.2 倍。 利用这个指数，就可以考虑分析每个月的变动情况。 我们可以将过去的指数适用在今年的整体数量上。 当然，这并不能保证完全准确。 但确实可以看做是一个大概标准。 请各位读者试按品种群分别计算季节指数和每个月的指数。

3 – 14　示例：实际订货方式

▶——实际的订货方式要按等级区分

下面举一个家庭日用产品生产厂商的例子。 该厂商使用的素材多种多样，有塑料成型品、纤维加工品以及金属加工品等，而产品的种类也达到了 3 000 多种。 在工厂内生产的种类占 20%，其销售金额占 50%。 该厂家每月一次，让销售部门按不同产品群提交销售预计量，并根据这个数量进行生产制造。 其中仅对 200 种重要品种根据过去的业绩进行需求预测，经销售部门确认后作为销售预测量。

此外对于剩下的品种中量大的 800 种适用了 "Max 标准维持法"。 这样，跟 200 种重要品种加在一起，有 1 000 种是定期订货方式的对象。

其余剩下的则改为 "订货时间法点"，仅在必要时订购一定数量。 至于订货时间点，考虑到订货到进货的交货期、需求实际业绩数、需求的偏差（标准偏差），按品种不同分别制定。 运用实际业绩值反复进行模拟，并在检查了断货和库存量之后最终决定。

▶——区别使用订货方式、成功实现库存削减与重点管理

200 种重要品种变为了定期订货，不过还应用了季节指数，自动对销售预定金额的数量进行了预测。 具体做法是每月均以 3 个月为期间单位进行计算。 这么做以来，销售部门只需要在每个月只关注并检查 1 次这 200 种物品的预测量，所以预测的精确度提高了一个层次。原来根本就谈不上预测的精确度这一说。

◎改善订货方式的流程例子

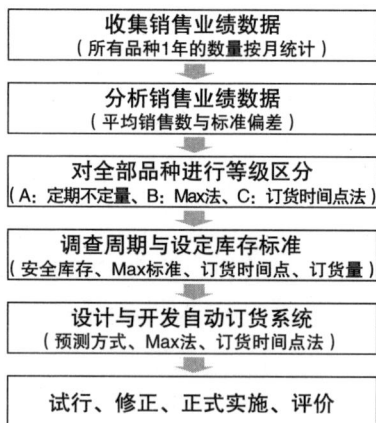

> **收集销售业绩数据**
> （所有品种1年的数量按月统计）
>
> ⬇
>
> **分析销售业绩数据**
> （平均销售数与标准偏差）
>
> ⬇
>
> **对全部品种进行等级区分**
> （A：定期不定量、B：Max法、C：订货时间点法）
>
> ⬇
>
> **调查周期与设定库存标准**
> （安全库存、Max标准、订货时间点、订货量）
>
> ⬇
>
> **设计与开发自动订货系统**
> （预测方式、Max法、订货时间点法）
>
> ⬇
>
> **试行、修正、正式实施、评价**

至于"Max 标准维持方式"，每半个月 1 次定期由

◎品种数与订货方式的例子

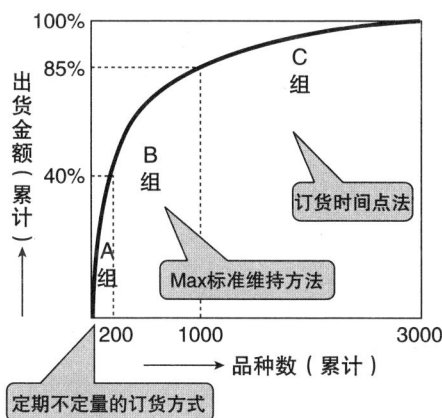

电脑制定订货计划；而"订货时间点法"则每天与标准比较，也由电脑制定订货计划。 订货计划按照品种群不同和供货厂商不同来合计生产（进货）金额，在经过一些调整后，厂家内部用 LAN 的方式，而外包商则用 Web 的方式进行生产指示与订货。 这个方法执行了 6 个月之后，库存减少为原来的一半，断货也成功地控制在了 3% 以下。

第 4 章
库存标准的设定

4 –1 库存标准是什么

▶——库存标准是实施行动的标准

之前已经提到，管理活动要以 Plan—Do—See 的循环
方式不断运行。 无论是为了制定一个完善的计划，还是
为了检查结果，都需要一个能实现理想模式的具体有效
的工具。 而在生产管理中，只有出台了生产能力以及标
准时间等的计划标准，然后才能够制定合理的计划。 库
存管理中也必须首先讨论并准备出这套标准。

库存标准包含了规定库存量本身的 "标准库存
量"、 "平均库存量"、 "最大库存量" 等，不过在计
划阶段不常使用。 在库存量标准中，计划阶段最需要的

是"安全库存量"。 "安全库存量"无论是在定期不定量订货还是在不定期定量订货中都非常重要，所以希望各位读者能够切实理解并掌握。 此外在不定期定量订货方式中"订货时间点（Reordering Point）"也很关键。因为它是一个非常重要的标准，当库存低于这个量时就要重新订货。 同时在不定期定量订货方式中还必须提前规定好"订货量"。

▶──库存标准的决定要素

库存标准并不是单独能够决定的，需要在有逻辑地构筑库存要素的基础上制定库存标准。 而"安全库存"是在处理预测误差及需求偏差时，根据能够应对的量的变动程度而决定出来的。 变动的量在交货期间会被影响，因此为了决定"安全库存"， "安全率"非常关键，而这个"安全率"则是根据订货到进货的周期、需求偏差（标准偏差）以及服务方针决定的。

◎ 库存标准的种类

订货方法 标准名称	定期不定量	不定期定量	备考
安全库存	○	○	定期是针对预测误差的安全库存 定量是针对需求变动的安全库存
订货时间点		○	定期则完全不需要 定量则必不可少（OP or ROP）
订货量		○	定期则每次的必要量都不同 定量则为经济订货批量（EOQ）
平均库存	○	○	定期则不怎么使用 定量则为安全库存＋订货量/2
最大库存	○	○	定期则不怎么使用 定量则为安全库存＋订货量

◎库存标准的决定要素

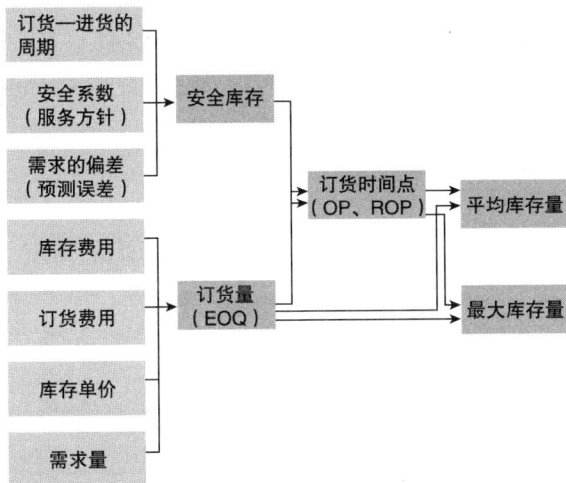

　　关于"订货量"，所规定的量必须考虑到订货的成本、运输、接收的费用以及库存费用的平衡。而"订货时间点"则根据"安全库存量"和交货的周期以及平均需求量来决定。至于"最大库存量"和"平均库存量"，只要有"安全库存量"、"订货量"以及"订货时间点"就能够决定。后面我们还会进一步参照和学习库存标准的制定方法。

4-2　如何应用库存标准

▶——要正确理解安全库存量
实施"定期不定量订货"时，需要根据营业部门的销售计划及销售预定，制造部门及公司的外部供应商、供销商开始准备并接受订货。 该计划数量、预订数量并不是确定的，是一个预测值，甚至有时只是一个希望数值。 可能各位读者很难相信，然而实际上很多公司都没有将该计划数量与实际业绩值做过比较。 为了处理预测值与实际业绩不一致的情况，就必须保证持有安全库存。

"不定期定量订货"时，为了弥补预测值与过去的需求业绩间的偏差而需要准备安全库存。 需求的偏差在原则上要通过按天统计的标准偏差来分析。 标准偏差表示了针对平均值变动的幅度状况。 如果变动幅度变大则说明要准备更多的安全库存。 当要用库存弥补需求量的不足时，就必须在预测值及平均需求量的基础上考虑该安全库存的数量，具体来说就是要相加后订货。

▶——不定期定量订货就是要在低于订货时间点时定量订购

"不定期定量订货"是当存货数量低于库存的某一数量时订货的方式。 "订货时间点"就是决定该订货时期的数量标准。 有时实际需求会超过原计划而增加。由于无法预测时期，只有用库存数量来判断。 该"订货时间点"因各个品种的不同而不同，所以可以登录到电脑里，自动地与库存相比较，挑出低于"订货时间点"

的物品作为订货对象。

"订货量"在"定期不定量订货"的情况时，由于每次均不一致，所以不存在问题，然而在"不定期定量"的订货时，则可以机械地订购此数量。 如果"订货量"过多则会导致积压，而太少又会产生断货。 "订货量"可以用一种叫做 EOQ（Economical Order Quantity）

◎库存标准的目的以及用法

	安全库存	订货时间点	订货量
目的	■定期不定量 针对预测误差做准备 ■不定期定量 针对需求偏差做准备	■不定期定量 为了判断订货的时间点需要事先决定好库存量	■不定期定量 事先决定好订货方和供货方都接受的订货量
制定方式	■定期不定量 使用预测与实绩误差的标准偏差 ■不定期定量 使用需求变动的标准偏差	■不定期定量 订货—进货LT部分的平均需求量与安全库存量相加的数量	■不定期定量 设定的订货量要保持订货、进货的经济性与库存的平衡
用法	■定期不定量 估算订货量时要计算此部分 ■不定期定量 已含在订货时间点中故订货时没必要再考虑	■不定期定量 库存量低于此数量时需订货	■不定期定量 当库存低于订货时间点时订购此数量

的经济订货批量法来计算。 不过，简单来说，我们应该以尽可能少的数量作为"订货量"。

4-3　设定库存标准的步骤

▶──理解库存标准的内容后再行动

在设定库存标准前，各位读者是否对库存标准已经有了充分的理解？ 比如库存管理将以怎样的方式进行、要选择什么样的订货方式、为此需要制定什么样的库存

◎设定库存标准步骤的例子

```
1. 选择订货方式
        ↓
2. 确认订货方式所必需的库存标准
        ↓
3. 确认库存标准的计算方法
        ↓
4. 收集并加工必要的数据
        ↓
5. 初步设定标准
        ↓
6. 使用初步标准进行模拟
        ↓
7. 确认结果并对标准的合理程度作出评价
        ↓
8. 向相关人员确认并落实、实施计划
```

标准，等等——我们需要正确地认识这些问题。 如果要进行定期不定量订货，则库存标准的中心在于设定安全库存。 比起设定安全库存，可能需求预测的方法更容易成为重点问题。 另外，以不定期定量方式的"订货时间点法"决定的库存标准包含了安全库存、订货时间点、订货量等几个重要的因素。

库存标准要灵活运用过去的数据，进行统计处理后再设定。 如果能提取出电脑中保存的数据并灵活运用是最好不过的，不过有时候还可能需要输入发货单并加以利用。 虽然花得劳力越多不能保证得到的结果会越好，然而只要是必要的数据，就算麻烦也要加以确定和保障。

▶——通过模拟来确认库存标准

库存标准的决定方式要根据理论计算出来，然后要对算式算出的数值等进行改善，不断地调整，这是非常重要的。 比如，订货到进货的周期如果缩短了一半，则安全库存就可以设定为70%左右。 所以希望各位读者切记，库存管理的原则不在于纸上谈兵式的计算，而在于实际的操作。

在计算出库存标准后，要利用该标准，模拟一下库存的变化情况。 具体做法是，适用几个品种的库存标准，比如参考其订货时间点、订货量以及过去的按天统计的需求业绩，来分析调查库存的推移情况。 将电脑的

excel 随机设定需求量，如果低于订货时间点，则订购一定的数量。 通过模拟确认结果，并最终确定标准，修正为合理的数值。

4-4　用于设定库存标准的数据

▶——预测需求量时按天统计的实绩数据必不可少

在设定库存标准时，实际需求与设定安全库存、设定订货时间点以及设定订货量均密切相关。 因此，需要确保实际需求、发货业绩、销售业绩等的数据记录在案。 一般来说，企业实际需求的数据需要按品种分类以月为单位集中统计并记录在案。 数据是按发货目的地或场所不同区分统计的，不过一般都会以月合计量的形式进行保留。

月合计量的数据实际上是不能使用的，如果使用了，则会导致错误的判断。 我们假设一个品种每个月有100 个需求，那么如下页图所示，虽然每张图均表示每月需要100 个，但分为3 种情况，每天平均消费的情况，每周出货4 到5 次、每次20 个左右的情况，以及1 个月出货1 次的情况，这样持有安全库存的方式也会随之不同。 最近以来的数据有时会以按天统计的结果保存，如果没有，哪怕是1 个月的数据也好，也应该掌握代表品种的定期统计需求的数据。

▶——必要的数据只要是合理的数字即可

按天统计的实际需求数据只要有 3 个月的数据就足够了。 一般来说，相同的品种当月份更迭时，即使需求量本身改变了，发生频率也不会改变。 只是，当存在季节性的需求变动时，则需要检查每个季节的总量，如果有很大变化则需要认真分析其数据。

◎各种不同的实际需求情况

假设月需求合计为100个、而日均消费情况迥异

①每天平均发货的情况

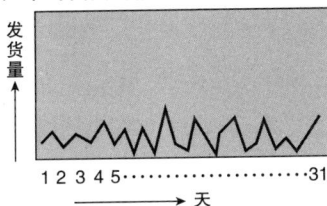

发货量

1 2 3 4 5 ⋯⋯⋯⋯31
天

安全库存可以少准备。

②以周为单位出现高峰的情况

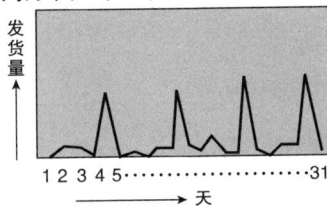

发货量

1 2 3 4 5 ⋯⋯⋯⋯31
天

安全库存变多，要在进货方法上做调整。

③月底出现高峰的情况

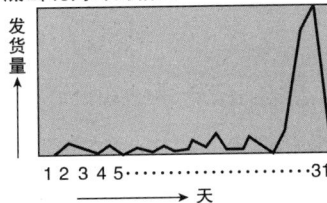

发货量

1 2 3 4 5 ⋯⋯⋯⋯31
天

月底时订购绝大部分数量，不适合订货时间点法。

077

订货到进货的周期（LT：Lead Time）从现在的订货系统及交货期的设定等可以判断出来。 与其分析数据，不如直接向有关负责人确认更有效。 LT 有时会根据通常订货还是紧急订货而改变应用方针，不过决定时应该以通常的 LT 为准。 此外，还必须把握对方的计划时机以及计划期间。

4-5　供货周期

▶——订货到进货的周期不能一概而论

在决定库存标准中的"安全库存"时，订货到进货的周期（LT）非常关键，在设定"订货时间点"时也要用到。 LT 指的是，从订货时确认了库存的时刻起到物品进货后进入能够使用的状态之间的期间。 假设在订货前 2 天确认了库存，但到订货当天库存还会变少。 此外，物品进货后必须将经过检查进入能够使用的状态，这段时间也算入 LT 当中。

LT 会因为供货商、销售商以及工厂的不同而不同，同时也会因为品种不同而不同。 有时甚至由于时期不同而导致供货商的负担状况发生变化，不得不花时间等候；还有时因为订货数量的不同导致截至进货时间的 LT 发生变化；甚至有时必须调查迄今为止的实际业绩。 设定 LT 时，必须事先向供货商确认期间是否有变动，然后制定出双方满意的标准。

◎订货到进货周期的课题

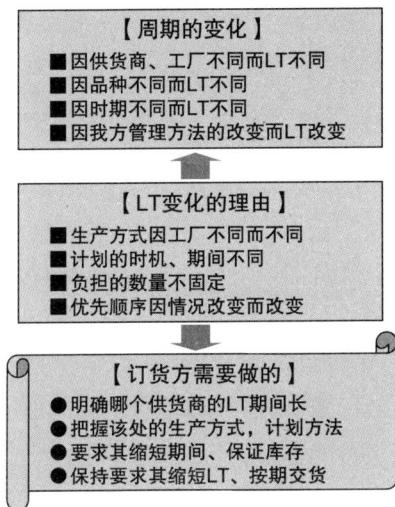

【周期的变化】
■因供货商、工厂不同而LT不同
■因品种不同而LT不同
■因时期不同而LT不同
■因我方管理方法的改变而LT改变

【LT变化的理由】
■生产方式因工厂不同而不同
■计划的时机、期间不同
■负担的数量不固定
■优先顺序因情况改变而改变

【订货方需要做的】
●明确哪个供货商的LT期间长
●把握该处的生产方式，计划方法
●要求其缩短期间、保证库存
●保持要求其缩短LT、按期交货

◎供货商制定计划的方式以及对LT的影响

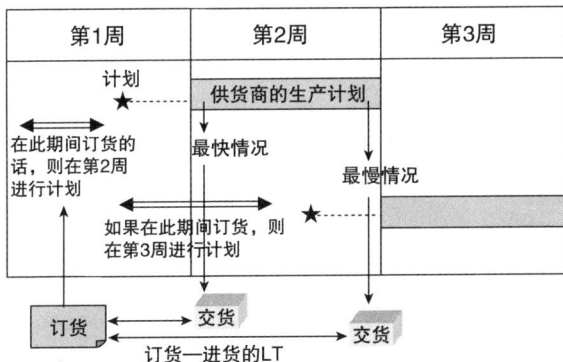

第1周	第2周	第3周

计划 ★
供货商的生产计划
在此期间订货的话，则在第2周进行计划
最快情况
最慢情况
如果在此期间订货，则在第3周进行计划 ★
订货
交货
交货
订货—进货的LT

079

▶──了解对方的程序后决定 LT

当供货商是生产工厂时，肯定无法马上制造出我方订购的物品。 这时候，如果对方从库存里发货并交货的话，LT 就会缩短。 对方是否持有库存，是否肯为我们持有库存，会大大改变 LT 的长短。 如果对方是按订单生产的话，则要花掉相应的生产时间。 另外，如果其计划是一个月固定进行一次生产，那么如果运气不好，可能要等待将近一个月的时间。

订货的 LT 在定期不定量订购方式时，由于订货的时期固定，所以比较容易与供货商沟通协调。 而在"不定期定量订货"时，因为多为反复使用的物品、通用品以及标准品，所以对方大多也会持有库存，这时候应该就库存的持有方式提前与对方达成协议。 因为是定量订货，所以如果对方也采取同样的不定期定量的计划生产，则是最理想不过的了。

4-6 安全库存的设定

▶──安全库存的计算式要对应需求的变动

安全库存有的时候是为了应对预测误差的，首先让我们来了解一下对应需求变动的"安全库存量"的计算式。

$$\text{安全库存量} = \text{安全系数}（\alpha）\times \sqrt{\text{订货 LT}}$$
$$\times \text{标准偏差}（\sigma）$$

其中，安全系数（α）为预期设定的标准偏差的范围，1 表示 1σ，2 表示 2σ。 另外，充足率与断货率（缺货率）相加为 1，随着该数值的变大，则能对应的需求范围也越广。 但如果设定得过大，则会过量持有安全库存，所以通常是将充足率设定在 95% ~ 99% 的范围内，将 α 的值设定在 1.65 到 2.33 之间。

订货 LT 就是"订货到进货间的周期"。 "定期不定量订货"时，有可能要等待定期订货的时机，所以这时计算天数要加上订货周期。

◎安全系数（α）与充足率

从下表中，可选择与预期设定的充足率相对应的安全系数

充足率	断货率	σ 的范围	安全系数 α
84.1%	15.9%	1σ	1
90.0%	10.0%	1.28σ	1.28
95.0%	5.0%	1.65σ	1.65
96.0%	4.0%	1.75σ	1.75
97.0%	3.0%	1.88σ	1.88
97.5%	2.5%	1.96σ	1.96
97.7%	2.3%	2σ	2
98.0%	2.0%	2.05σ	2.05
99.0%	1.0%	2.33σ	2.33
99.9%	0.1%	3σ	3

- 充足率（断货率）　　　 =95.0%（5.0%）
- 需求偏差（标准偏差）　 =200（个/天）
- 订货到进货的周期　　　 =10（天）

安全库存量=安全系数（α）×$\sqrt{\text{订货LT}}$×标准偏差（σ）

安全库存量 = $1.65 \times \sqrt{10} \times 200$
= 1044（个）

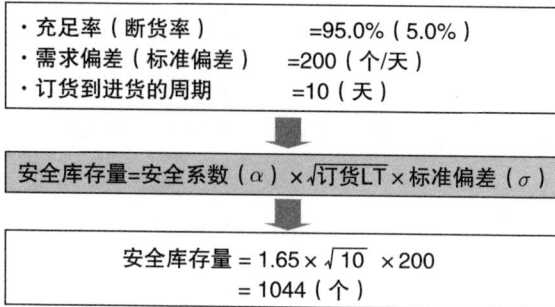

▶——通过标准偏差来控制需求偏差

需求变动的状况可用标准偏差来掌握，并体现到计算式中。 标准偏差是表示数据的平均值与各个数据之间关系的数值。 如果标准偏差大，则说明变动幅度大。如果平均值为100而标准偏差为60，则说明数据68.26%（1σ的范围）在100±60之内。

"定期不定量订货"时，安全库存是为了弥补预测值的误差而准备的。 我们应该按照不同品种分别把握预测值与实际值之间的差异。 如果是以月为单位的预测，1年间的数据，也就是12次的统计数据虽然比较少，但无法获得更多数据的话也只能如此。 比较一下预测误差的标准偏差和需求变动的标准偏差，数值小的安全库存也相应的少。 当预测误差的标准偏差较大时，使用过去的时间系列数据反而比较合适。

4 – 7 订货时间点的计算

▶——不定期定量的代表方法为订货时间点法

订货时间点法也叫做 Ordering Point 法或 Reordering Point 法。 最近以 SCM（Supply Chain Management）或 ECR（Efficient Consumer Response）所进行的"库存自动补充系统"方式也通过应用 IT，执行该订货时间点法。 "订货时间点法"最核心的部分就是"订货点"，也可以简称为"OP"。

◎不定期定量的订货方式与订货时间点

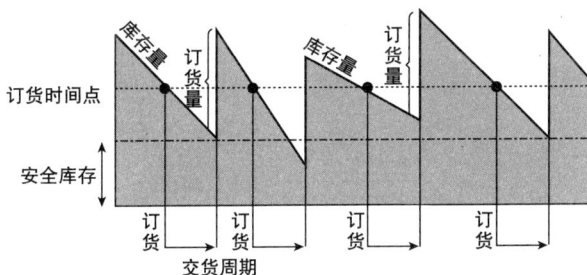

请参看上面的图。 库存随着消费在不断减少，而当降到了事先决定好的"订货时间点"的数量时，就会订购事先决定好的数量。 该判断只需将库存量与"订货时间点"进行机械的数量比较。 也就是说，由于谁都可以胜任，所以让电脑来做即可。 无论对象的品种是成千还是上万，电脑都可以轻松地处理。 超市以及便利店之所以能够以极少的断货率而补充种类繁多的货品，就是因为很好地使用了这种方式。

▶──订货时间点的计算方法

订货时间点的计算方法并不复杂。 可以通过如下的算式求得。

订货时间点＝安全库存量＋（平均需求量／天
×订货周期）

关于安全库存，上一节已经详述过了，将安全库存的计算式代入上面的算式，即变成了如下所示的算式。

订货时间点＝安全系数（α）×$\sqrt{\text{订货 LT}}$×标准
偏差（σ）＋（平均需求量／天 ×订货周期）

◎计算订货时间点的例子

・充足率（断货率）　　=95.0%（5.0%）=α：1.65
・需求的偏差（标准偏差）=200（个／天）
・订货到进货的周期　　=10（天）
・平均需求量　　　　　=80（个／天）

↓

订货时间点=安全库存量＋（平均需求量／天×订货周期）
＝安全系数（α）×$\sqrt{\text{订货 LT}}$×标准偏差（σ）
＋（平均需求量／天×订货周期）

↓

订货时间点=（1.65×$\sqrt{10}$ ×200）＋（80×10）
＝1 044＋800
＝1 844（个）

关于算式里所用到的平均需求量，如果用按月统计的数量除以运行天数来计算则会判断错误，所以要注意提前保存好按天统计的数据并加以使用。 此外，订货周期为订货到进货的周期。 如果周期长，需要通过包括订货剩余（未进货部分）在内的库存"有效剩余"来确认订货时间点。 就是说，只要周期时间长，订货时间点的量就要相应地提高。

4-8 订货数量的设定

▶——定期不定量方式下要根据预测量和库存计划决定订货量

采取定期不定量的订货方式时，虽然需求预测已经决定好了订货量，然而在向供货商或工厂订货前，还是要做好事前准备——就是库存计划。 比如，某品种下个月的预测数量为 100 个，现有库存 80 个，那么只需订购 20 个作为下个月的量就足够了。 但是，100 个的预测可能会不准，甚至如果下月末的库存为零的话，则再下个月初可能就无法发货了。

计算定期不定量的订货量，通过从预测量中减去现有库存（严格来说是本期末的推定库存），再加上安全库存即下期末的保有计划库存，而得出。 因为如果不这么计算，则可能会出现库存变为零的危险。 如果预测量与实际结果完全相符，则安全库存原封不动地保留。当计算下次的订货量时，则等于将其库存减去再订购。

▶──不定期定量方式下要参考经济订货批量

当采取的是不定期定量的"订货时间点法"时，则会每次订购固定的数量。该订货量要协调好订货和交货所耗的劳力，费用与库存费用的平衡再决定。这个量叫做经济订货批量（EOQ：Economical Order Quantity）。如果订货及交货的次数增加就可以减少库存量，然而相应地也会提高订货的费用，同时也要花费更多的收货费用。相反，如果提高每次进货的数量和批量，则可以降低订货和交货的费用，但同时也造成了库存增加的问题。

找出这两者的平衡而将其量作为订货量的想法就是EOQ。下页的图表示的就是该思路，但由于掌握并计算每一次订货与交货费用的方法很难，所以能够应用熟练的公司目前还不多。此外，如果订货费用也改善的话，EOQ 也会随之改变。所以不必太过患得患失，应该制定一些规定，比如量多的 1 周 1 次，量少的 1 个月 1 次，等等，规定比目前更小批量的订货量，经过模拟后正式决定。

◎定期不定量的订货量的计算方法

订货量=（预测量＋下期安全库存量＋下期末计划库存量）—本期末推测库存量

本期	下期	下下期
★订货 本期末库存	下期预测量＋安全库存 下期末库存	

◎经济订货批量的思考方式

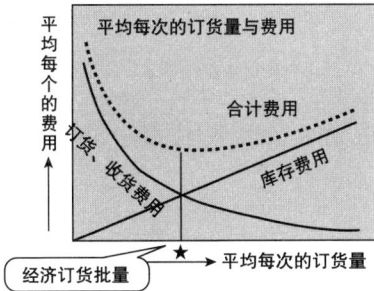

平均每个的费用

平均每次的订货量与费用

合计费用

订货、收货费用

库存费用

经济订货批量 → ★ → 平均每次的订货量

平均每次的订货量

· 订货量（Q）的计算式

$$订货量=\sqrt{\frac{2 \times 订货费用/1次 \times 年需求量}{单价 \times 库存费用率/年}}$$

· 实际上由于平均每次的订货费用以及库存费用率／年很难计算，所以
需要通过与一个月的需求量之间的关系而决定。

例如：需求量大的物品　　　　：平均每次的订货量=1周的量
　　　需求量中等程度的物品：平均每次的订货量=3周的量
　　　需求量小的物品　　　　：平均每次的订货量=1个月的量

087

4-9　计算库存平均值的方法

▶——平均库存量与最大库存量的计算方法

库存总是在变动的，如果库存没有变动反而说明存在问题。 那么对于不断变动的库存，应该怎样来看待呢？ 平均库存指的是计算上的平均，而对于不定期定量的订货品，可以简单地计算出平均库存。

$$平均库存量＝安全库存量＋（订货量÷2）$$

该数量归根结底也不过是计算上的数量，不过在把握库存总量，以及粗略计算库存费用时，能够帮助了解大概情况。 至于最大库存，当需求为平均值且安全库存原封保留时，刚进货后的数量就是最大值。

$$最大库存量＝安全库存量＋订货量$$

▶——为监管库存要灵活运用最大库存和平均库存

最大库存就是安全库存与订货量相加所得的数值，不过在订货后完全没有需求时，则"最大库存量＝订货时间点＋订货量"。 这时如果对仓库或货架进行计划，按平均库存来计算的话，会导致空间不足。 所以，用哪个算式来计算也会导致最大库存发生很大的变化。

如果库存的品种很多，则不可能细致地对每一个品种进行把握。 所以我们应该用前述的"等级管理"来进行重点管理。

平均库存=安全库存＋（订货量÷2）

安全库存并非总是一个常量，应该说正是因为它能用得上所以才发挥出了安全库存的作用，平均来看安全库存会有剩余。关于订货量，被使用的速度虽然会有所不同，但库存平均起来为1／2。因此平均库存量为安全库存量＋（订货量÷2）。

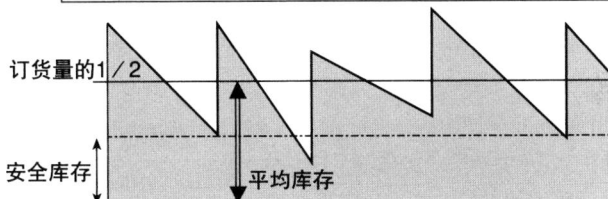

订货量的1／2

安全库存

平均库存

◎核对实际库存与标准的例子

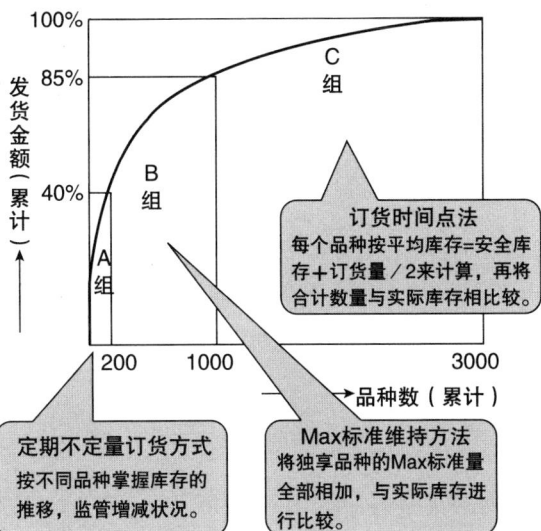

发货金额（累计）

100%
85%
40%

C 组

B 组

A 组

订货时间点法
每个品种按平均库存=安全库存＋订货量／2来计算，再将合计数量与实际库存相比较。

200　1000　　　3000

品种数（累计）

定期不定量订货方式
按不同品种掌握库存的推移，监管增减状况。

Max标准维持方法
将独享品种的Max标准量全部相加，与实际库存进行比较。

并且，为了不让重点品种发生断货情况，首先要保证库存不要过剩。 至于其他品种，则以总量来核查周转率。 如果是订货时间点法的品种则让电脑计算出平均库存，再算出合计总量。 将该合计总量与实际的库存合计进行比较，如果差异较大则说明有问题。 这可能是由于安全库存或订货时间点以及订货量不合理造成的。 此外，也可能是实际进货和需求与过去相比产生了变化。总之，平均库存在核查中起到了暴露问题的作用。

4−10　决定季节指数的方法

▶──几乎所有物品都存在季节变动

在本书前述的预测需求的内容中已经提及了季节指数。 在本节中，将对季节变动和如何使用季节指数进行再次说明。 在我们的生活中，几乎所有的物品都存在季节性的需求变动。 比如家电制品、食品、衣物、医药制品等，虽然不一定会严格按季节或月份变动，但也分销售的旺季和淡季。 此外生产原料也经常会发生变动。 所以我们必须深入细致地观察这些变动，切实把握各种状况。

细致观察并切实把握，这其中有 2 层含义。 第一，要将该品种的变动状况定量地数值化。 第二，要把握与其变动状况相似的物品。 因为按每一个品种去把握季节指数既劳财费力，也并不现实。 如果按组群单位决定季节指数，不但运用起来省力，还能提高整体的预测准确度。

▶——季节指数要用"大数"把握

季节指数要使用在需求预测与消费量的预测上，我们应该按品种群来一一设定。 因为如果按每一个品种来决定的话，由于数量太小，无法提高预测的精确度。 这里就要用到一个"大数"的法则。 比如，对 100 个进行预测，实际可能为 20% 到 200% 之间的某个值，而如果对 10 000 进行预测，就能把范围控制在 50% 到 150% 之间。 所以应该尽量以较大单位来制定季节指数。

◎个别商品的季节指数与商品群的季节指数的例子

A商品群：销售数量

品种	1月	2月	3月	4月	5月	6月	7月	8月	9月	10月	11月	12月	合计
A001	80	60	130	80	90	70	100	80	130	150	90	100	1 200
A002	120	70	180	110	100	90	90	70	100	130	100	80	1 180
A003	50	40	60	80	30	40	40	40	60	90	50	50	630
A004	40	30	50	80	30	20	20	30	70	80	40	30	520
A005	90	80	150	140	80	60	70	40	130	170	60	70	1 120
合计	380	280	510	530	330	270	310	260	490	620	340	330	4 650

A商品群：销售季节指数

品种	1月	2月	3月	4月	5月	6月	7月	8月	9月	10月	11月	12月	合计
A001	0.8	0.6	1.3	1.2	0.9	0.7	1.0	0.8	1.3	1.5	0.9	1.0	12.0
A002	1.2	0.7	1.2	1.1	1.0	0.9	0.9	0.7	1.0	1.3	1.0	0.8	12.0
A003	0.8	0.6	1.1	1.5	0.6	0.8	0.8	0.8	1.1	1.7	1.0	1.0	12.0
A004	0.8	0.6	1.2	1.8	0.7	0.5	0.5	0.7	1.6	1.8	0.9	0.7	12.0
A005	1.0	0.9	1.6	1.5	0.9	0.6	0.7	0.4	1.4	1.8	0.6	0.8	12.0
合计	1.0	0.7	1.3	1.4	0.9	0.7	0.8	0.7	1.3	1.6	0.9	0.9	12.0

091

◎2年里的销售数量与商品群的季节指数的例子

A商品群：按年度统计实际销售数量

品种	1月	2月	3月	4月	5月	6月	7月	8月	9月	10月	11月	12月	合计
2005年	380	280	510	530	330	270	310	260	490	620	340	330	4650
2004年	250	240	400	450	300	310	340	280	350	550	320	280	4070
合计	630	520	910	980	630	580	650	540	840	1170	660	610	8720

A商品群：按年度统计销售季节指数

品种	1月	2月	3月	4月	5月	6月	7月	8月	9月	10月	11月	12月	合计
2005年	1.0	0.7	1.3	1.4	0.9	0.7	0.8	0.7	1.3	1.6	0.9	0.9	12.0
2004年	0.7	0.7	1.2	1.3	0.9	0.9	1.0	0.8	1.0	1.6	0.9	0.8	12.0
合计	0.9	0.7	1.3	1.3	0.9	0.8	0.9	0.7	1.2	1.6	0.9	0.8	12.0

如果不只有上年1整年的数据，还有2到3年的数据，则可以比较每年的季节指数，分析选择哪一年或对哪一年进行平均。当指数因年度不同而发生较大程度的变化时，就需要调查当年发生的事件以及实施的行动，给出明确的解释。此外，甚至在消费资材生产商中，有的公司会规定每个周的指数并用于销售预测中。所以每个公司都要根据自身情况进行独立的研究。

4-11 灵活运用库存标准的实例

▶——首先决定库存的等级区分，再决定管理的方法

本节以机械制造行业的实例进行分析。该实例是一

092

家生产并应用于制造装置的气动方面器材的厂商以一产品群为对象进行改善的例子。 该产品群的品种数为 2 134 种，通过代理商进行销售。 虽然在发货时配上安装用的金属部件，实际的品种数会增加到原有的 3 倍，不过工厂负责生产的主要品种有 2 134 种。

该厂家通过按月统计的数据分析 1 年里的销售业绩，掌握了年度数量与月间销售数量的偏差。 如下图所示，用销售数量和标准偏差率（标准偏差/平均销售数）进行了分类。 通过该矩阵表分成了 9 个部分，又将其大致归为 4 类后对生产方式进行研究，最后按照定期定量生产、定期不定量生产（Max 标准维持方式）、订货时间点法、ATO 生产（Assemble to Order）对品种进行了等级区分。

◎某机械器具生产厂的某商品群的分析例子

标准偏差/平均需求量

偏差率 需求量/月	A （偏差率不到30%）	B （偏差率30%~100%）	C （偏差率100%以上）	合计
A （超过1000）	31个品种 （1.5%）	56个品种 （2.6%）	73个品种 （3.4%）	160个品种 （7.5%）
B （100~1000）	112个品种 （5.2%）	425个品种 （19.9%）	314个品种 （14.7%）	851个品种 （39.9%）
C （不到100）	92个品种 （4.3%）	323个品种 （15.1%）	708个品种 （33.2%）	1123个品种 （52.6%）
合计	235个品种 （11.0%）	804个品种 （37.7%）	1095个品种 （51.3%）	2134个品种 （100.0%）

▶——设定库存标准时以 3 个月的按天统计数据为基础

销售量多且偏差小的产品只有 31 种，但加上 AB 和 BA 的产品却达到了 199 种，每周需要生产固定的数量。当发货多时，则会生产固定数量的几倍。在该厂家，这被称为定量生产。此外对于 BB、AC、CA 的产品群，会定期核对库存，然后生产补充达到 Max 库存标准数量的产品。这些共有 590 种，跟定量生产合在一起，放在每周的生产计划上。

◎某商品群的等级区分例子

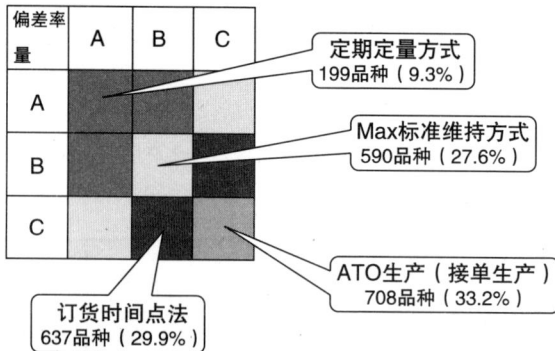

偏差率 量	A	B	C
A			
B			
C			

定期定量方式
199品种（9.3%）

Max标准维持方式
590品种（27.6%）

ATO生产（接单生产）
708品种（33.2%）

订货时间点法
637品种（29.9%）

另外，BC 和 CB 的 637 个品种用订货时间点法进行补充生产。订货量设定为大约 1 个月的销售量。至于 CC 部分的 ATO 生产是接到订单组装完后再发货的方法，所以不再安排库存。种类有 708 种，经过改善后几乎没有了产品库存量，而只持有零部件的库存。Max 法的最大库存标准和订货时间点法的安全库存以及订货时间点的标准，是以 3 个月间的按天统计数据来制定的。通过这次改善活动，产品库存成功削减了40％。 此外由于生产品种的计划周期缩短到了一个周，所以断货情况也减少了一半。

095

第 5 章
如何制定库存策略

5-1 何谓库存策略

▶──策略就是先发制人

下面我们来思考究竟什么才是"策略"。 策略有很多叫法，比如企业策略、事业策略、部门策略等。 不过，可以说任何策略都是"在展望未来的基础上对事业形式做一些准备"。 为此，首先要有企业、经营者的使命，其次要将其具体描绘出来，并作为事业策略不断展开。 也就是计划事业的具体形式，并不断落实到部门的行动计划当中去。

一个策略要不断设想自己的竞争对手，有意识地制定将来的计划。 随之，一个策略必须要提早准确地认识到我方所处的状况。 在拟定策略之前，需要获得多方的信息，比如市场的状况，顾客的需求，行业的动向，竞争对手所采取的对策，先进企业的系统和组织运营体制，员工的满意程度，等等。 要灵活运用这些信息，为自己公司的将来做好准备。

▶——从策略的阶段来考量库存的使用方法

所谓库存策略，就是为了在竞争中取胜，在思考整个事业的同时，对库存的形式和活用的方法做出一些计划。 为此，必须平时就要对库存在整个事业中发挥的作用有透彻的理解，否则无法想出有效的库存使用方法。现在让我们来再一次正确地认识库存的作用。

一项事业的应有状况，以及库存的使用方法首先都是为了给顾客提供服务。 因为顾客的要求与本公司所能做的之间存在着不同步，所以才需要库存。 如果进一步

◎策略展开的流程

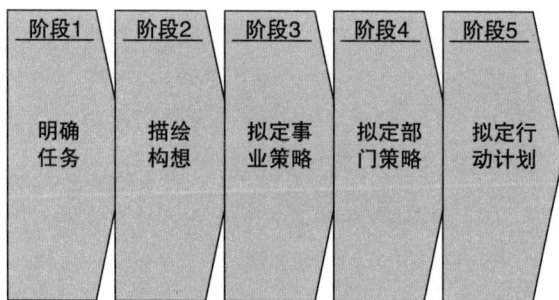

阶段1	阶段2	阶段3	阶段4	阶段5
明确任务	描绘构想	拟定事业策略	拟定部门策略	拟定行动计划

◎库存策略的要素

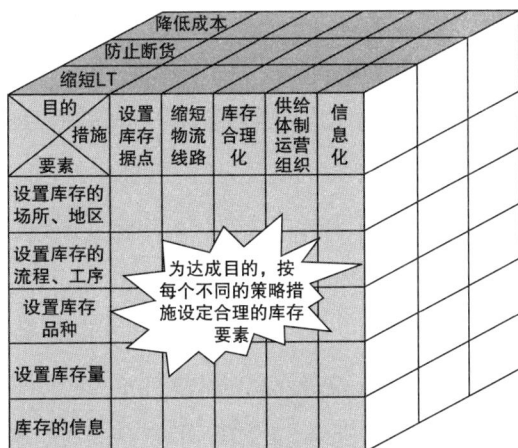

了解顾客的需求，就能清楚地知道应该利用库存做些什么。

库存的使用方法的第二点在于减少成本。当然库存的应有形式并不是只为了减少成本，要在满足了顾客需求的基础上通过利用库存而尽可能地降低成本。在描绘整个事业的全景时，建立库存的使用方法——就是库存的策略。

5-2 服务策略与库存

▶——各种各样的服务策略

在事业策略中，为顾客提供良好的服务是最重要的措施。 在物品供应过剩的今天，只靠产品或商品的品质及价格已经无法在激烈的竞争中取胜。 而产品或商品中附加的服务才能打动顾客的心，促使其购买。 如果商品本身的品质、设计、性能及价格等与竞争对手没有太大的差别，肯定是无法战胜对手的，而如果在商品中增加了合适的服务，顾客的满意度就会进一步提高，如此才能更有把握地战胜对手。

服务的内容是多种多样的。 时间性的服务即速度是其中特别重要的因素。 此外，不管什么要求都能给予满足的一条龙服务也随着外包化的潮流开始获得顾客们的欢迎；同时全方位利用 IT 的信息服务业开始形成巨大的市场；另外在销售了产品或商品后，进行使用方法及维修方面服务的售后保修服务业在各种不同的领域也推广开来。

▶──通过服务策略如何利用库存

生产厂商的服务策略与物品密切相关。 供给的速度、供给的时机、供给的绵密程度、供给的正确性、供给的灵活性、供给的简便程度等这些在服务中应该体现的因素都与物品即库存的联系越来越密切。 应该把库存放在哪里、放在哪个阶段、什么样的品种应该放置多少等等，要深入了解库存信息到底需要什么。

库存如果放在适当的场所，就可以迅速且在合适的

◎**各种各样的服务策略**

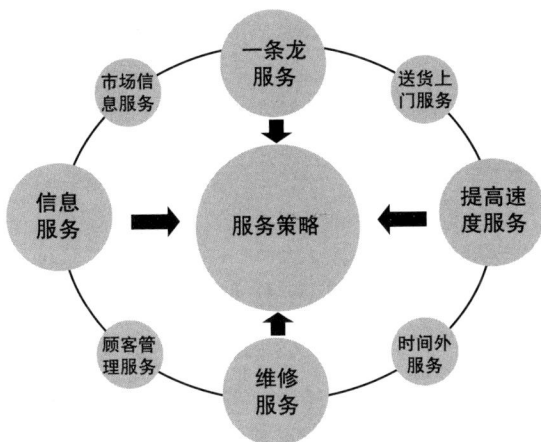

◎**服务策略与库存的使用方法**

供给服务 要素	速度	时机	绵密程度	准确性	灵活性	简便程度
设置库存的 场所、地区	○	○	○		○	○
设置库存的 流程、工序	○				○	
设置库存 品种		○	○	○	○	
设置库存量		○			○	
库存的信息	○	○	○	○	○	○

时机提供商品，而且在适当的地方开展的作业和系统也
符合应有的方式，并能够提供周到的服务，而且还能发
挥灵活性。 为了发挥供给时机的灵活性以及正确性，必
须要合理地规定和运用库存品种以及库存量。 对于库存

的信息系统，需要明确地把握在哪里、有什么、有多少，并将此信息在公司内部应用和操作，同时还要与顾客实现共享，只有这样才能提高服务的质量。

5-3 按预计生产的库存策略

▶——按预计生产的过程与库存

按预计生产的做法是先于顾客的订单而进行生产和资材筹措，以此来迅速地处理来自顾客的订单。 一般来说，当用按预计生产销售新产品时，为了尽早向整个市场普及，要在销售时期到来前准备和储藏商品。 另外，当反复生产时，或持有原料库存、零部件库存，及在工厂、物流中心及仓库放置产品以应对顾客的要求。

与接顾客的订单后再进行生产的订单生产不同，按预计生产会产生原料、零部件、半成品及产品的库存。从放置场所来说，产品也可能会放在工厂、物流中心或仓库等各种各样的地方。 这其中策略上的库存放在了哪里？ 对顾客的服务有益的库存放在了哪里？ 在制造过程中有没有未经过管理或因为没有进行改善而产生的库存？ 通过这些提问找出没有意义的库存，也就等于找出了问题所在。

▶——按预计生产的库存是用于保证接单到交货的

新产品在销售前必须有计划地储备，这正是所谓的

102

策略库存。 以前某电脑生产商因为在这点上失败而招致了顾客的不满，就是一个典型的例子。 新产品在起跑线的爆发力会对之后的竞争关系产生很大的影响。 新产品的库存策略是按预计生产的第一大课题。

◎按预计生产与库存

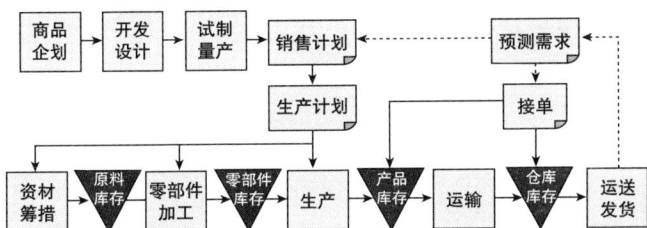

◎产品的寿命周期与库存策略

	启动新产品	持续性生产	终末期
库存设置	设置在重点地区	根据顾客的实绩	集中保管
库存数量	以市场计划为依据	根据实绩	对剩余量严密管理
库存标准		根据实绩设定	
信息系统	不同地域的发货信息	接单—交货系统库存信息检索	不同场所的库存信息

另一点需要注意的是要保证流畅的商品供给。 为了能准确地面对来自销售点、批发商以及超市或便利店、

零售店的苛刻要求，持有库存就需要仔细研究供给本身这一方式。 这就需要能满足顾客要求、实行的服务与竞争对手拉开差距、能抑制成本的体制。 分析库存的持有方法，并非只分析库存量就能解决问题，同时还要考虑仓库的场所、库存的放置方式、放置的品种，等等。 此外与顾客之间的关于库存的信息系统也需要作为接单及交货的系统来构筑。

5-4 按订单生产的库存策略

▶——订单生产的过程与库存

订单生产就是根据顾客要求的规格生产商品并提供给顾客。 所以，原则上完成的商品会马上运送给下订单的顾客。 在极少的情况下，可能会在结束生产后不发货而暂时为顾客保管，不过通常来说都不会有商品库存。此时的库存不是商品，而是半成品、零部件和材料等的问题。 在接收订单后，根据从什么开始生产起的不同，库存的对象也会发生变化。

被称作 ATO（Assemble to Order）、BTO（Build to Order）的方式，会准备零部件或半成品的库存，按照订单的规格马上组织并发货。 当根据顾客的要求不同而产生很多不同规格时，这种 ATO 或 BTO 的方法可以在没有商品库存的情况下满足顾客的要求。 根据情况的不同，

有时可能还会从用原料生产零部件的阶段开始。 这叫做
MTO（Make to Order）。

▶——按订单生产的库存策略关键在于原料、零部件、半成品的持有方式

通常，订单生产不会持有商品库存，所以库存都是原料、零部件或半成品。 进行订单生产的厂家的策略，除了在品质和成本上战胜对手，还要使接单到交货的期间比竞争对手更短。 交货时间短是与其他对手拉开差距的重要因素。 为了实现更短的交货期，需要准备零部件、半成品及原料的存货。 如果是通用品，则应该根据以往的实际情况规定库存标准，确保合理的库存。 至于特殊的零部件和原料等，有时候做好冒风险的心理预备而提前准备好库存，可能会为缩短交货期做出重要贡献。

作为订单生产的策略，还可以通过提供保修服务与其他对手拉开差距。 订单生产的商品若是一些特殊而且

◎订单生产与库存

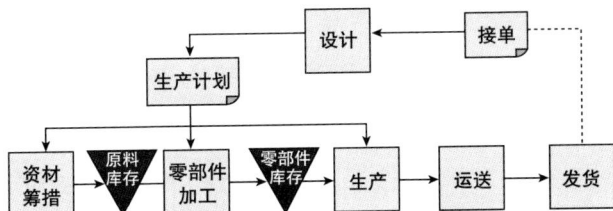

◎持有原料、零部件、半成品库存的方法

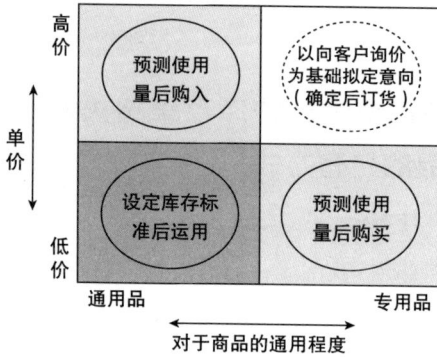

大型的机械和装置时，顾客会最大限度地运转设备。 故障或停止就成了重大的问题，这时保修就非常重要。 因此，为了能在需要的时候提供零部件或套件，持有合适的库存是非常关键的。

5-5　流通行业的库存策略

▶——流通行业与库存

在销售公司、批发商、超市或便利商店等流通行业，小到食品大到钢铁产品，贩卖和流通的商品涉及各种领域。 流通行业有时候会像订单生产一样，在接受订货后再采购商品并销售，甚至有时还会从供货商处直接将商品送给订货人。 然而，以消费材料为对象的批发商在大多数情况下先暂时保管商品，将物品凑齐或分好类

106

后再送给顾客。 比如超市和便利店等均有自己的物流中心，在那里进行分类工作。

流通行业不在自己的公司制造，而是从外部购买或委托其他公司生产。 由于不用持有制造的设备也没有相关体制，所以流通行业在某种意义上说是灵活轻便的。这是非常大的优势，但同时由于不在自己公司生产，所以会有企业的附加价值较低，利润率也较低的倾向。 但是又因为可以从外部自由地获得商品，所以对于市场可以做到随机应变。 在这个体制下可以根据市场灵活地协调。 另外，因为所扮演的角色更靠近顾客一方，所以流通行业的公司往往会不自觉地持有库存，希望以此来满足顾客。 所以库存管理是适用于流通行业的主要业务的。

▶——流通行业的库存策略

流通行业中，所销售的正是向顾客提供商品的服务。 所以，如何提高服务质量，实现商品库存的理想方式是首要的课题。 与此同时，另一个课题是必须尽量削减不必要的库存并加以运用。 虽然根据流通行业里商品对象的不同，理想目标会有所不同，不过整体上来说最好能够对应不断变动的要求条件，将品质优良的商品以最快的速度准确地提供给顾客。 因此就需要较短的资材筹措期间、小批量资材筹措以及发货作业迅速且准确。

107

◎流通行业与库存关系的例子

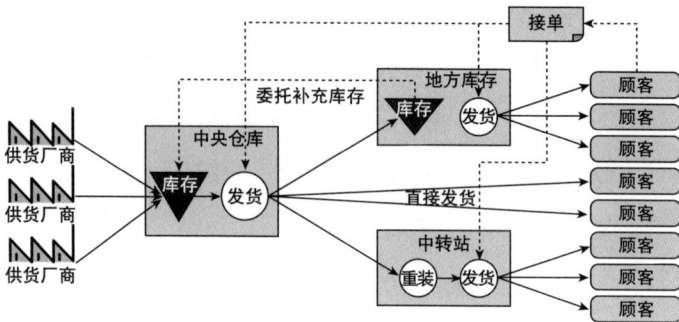

◎流通行业与库存策略

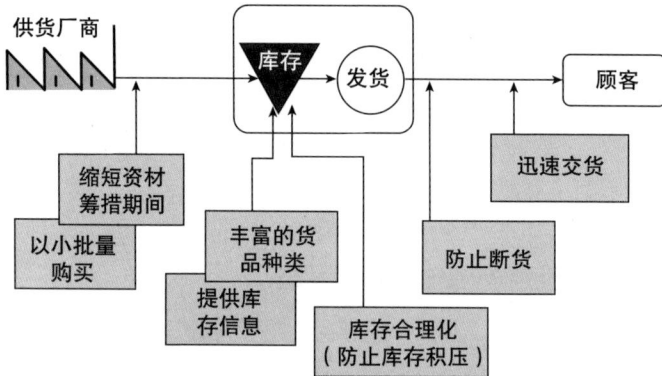

　　此外，由于流通行业同时以很多品种为管理对象，所以商品的类别管理非常重要，而且应该灵活运用那些管理每一个品种时使用的数据，以此来提高服务质量并减少损失和浪费。

5 –6　物流据点与库存策略

▶——物流据点要以服务策略为基础

无论是制造行业还是流通行业，物流据点的存在方式均会极大地左右顾客服务与物流成本。 不但作业的方法会相应变化，物品的动向也会随之改变。 此外，还可能发生订货到交货的周期改变，或导致交货时间改变，或极其细微的服务发生变化。

物流据点或库存据点会对各个方面产生巨大的影响，所以研究讨论物流据点或库存据点的理想形式，就等于研究讨论物流服务的策略。 物流据点决定了物品的流通，换句话说就是决定了供给链。 而且物流据点的理

◎设定物流据点的要素

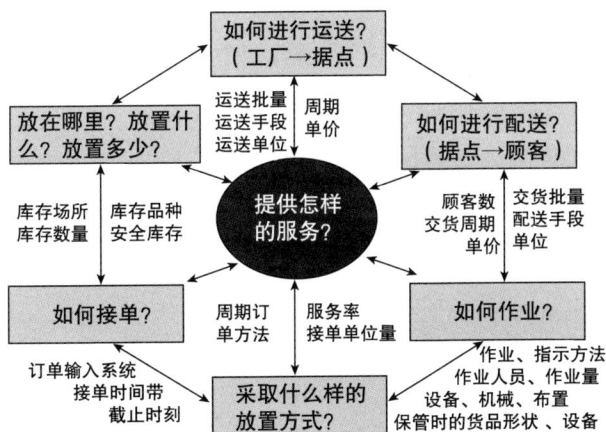

如何进行运送？
（工厂→据点）

运送批量
运送手段
运送单位

周期
单价

放在哪里？放置什么？放置多少？

如何进行配送？
（据点→顾客）

库存场所
库存数量

库存品种
安全库存

提供怎样的服务？

顾客数
交货周期
单价

交货批量
配送手段
单位

如何接单？

周期订单方法

服务率
接单单位量

如何作业？

订单输入系统
接单时间带
截止时刻

采取什么样的放置方式？

作业、指示方法
作业人员、作业量
设备、机械、布置
保管时的货品形状、设备

109

■ 仔细观察市场
■ 仔细观察发货状况
■ 明确掌握顾客要求的服务
■ 仔细了解商品的特性
■ 综合看待所支出的费用

在哪里放置库存（物流据点的位置、数量）

将什么作为库存（库存据点的品种）

放置多少库存（据点库存数）

如何放置库存（商品的放置方法）

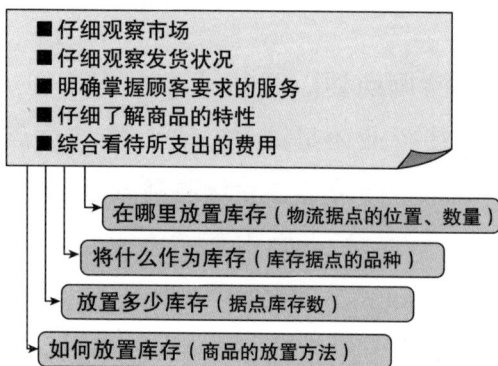

想形式还会决定 SCM 的大方向。 所以，研究讨论时要以服务为中心，在探讨库存放置方法的同时，还需要探讨据点前的运送方法，离开据点后的配送方法，以及在据点时的作业方法，等等。

▶——策略的关键在于据点的库存如何设置

有时在物流据点并不设置任何库存。 有一种方法是通过中转站和分类中心将进来的物品按照不同地点或不同顾客进行归类后，迅速地发货。 这种方法不会产生库存，虽然要在运送和作业方面下工夫整备，但仍然是一种不产生库存的好方法。

如何设置库存，必须从各种各样的观点来判断。 首先，要仔细分析市场。 第一要明白顾客位于何处，有多少；此外，还需要仔细检查发货的状况；同时，应该随时判断哪里合适作为运送和配送的场所。 能够明确地把握顾客提出的要求并提供服务也非常重要，而且认真研究对象商品的特性也很必要。 比如重量轻但长度长的物品需要很广阔的保管空间，而重量较重的大型商品则应该放置在平方仓库里。 也就是要通过仓库的租赁费、劳务费、设备费用等花在据点费用上的成本来判断整体情况。

5 – 7 物流据点的合理设置

▶——合理设置要顾及服务和成本的平衡

物流据点的合理设置要在分析顾客服务与物流成本的状况后再判断进行。 物流据点的设置要考虑很多方面。 比如当提供给全国时，物流据点在全国需要几个，其场所位于哪里更合适，该据点是公司自己创造还是租赁比较好，以及能否在该处雇佣到从业人员等等。

如上所述，如果考虑据点的数量、场所以及运营方法等，会产生出很多设置据点的方案。 要想对其进行比较，需要先对成本及大致状况做出预测。 分别将各个方案作为模型 – 1，模型 – 2，模型 – 3，先估计据点的数量、场所、库存数量、空间大小、人员情况等等，然后按照每个模型分别算出大概的成本。 并且还要明确各个模型的服务内容，最后对各个模型的成本和服务进行评价并做出判断。 有的时候服务的差别不大，然而成本可能要高出许多。 如果有可能建立更为出色的服务体制，则不会考虑较高的成本而选择该方案。

▶──实现合理据点设置的步骤

在考虑物流据点的时候，实际上会经常突然地得到

◎实现物流据点合理设置的步骤

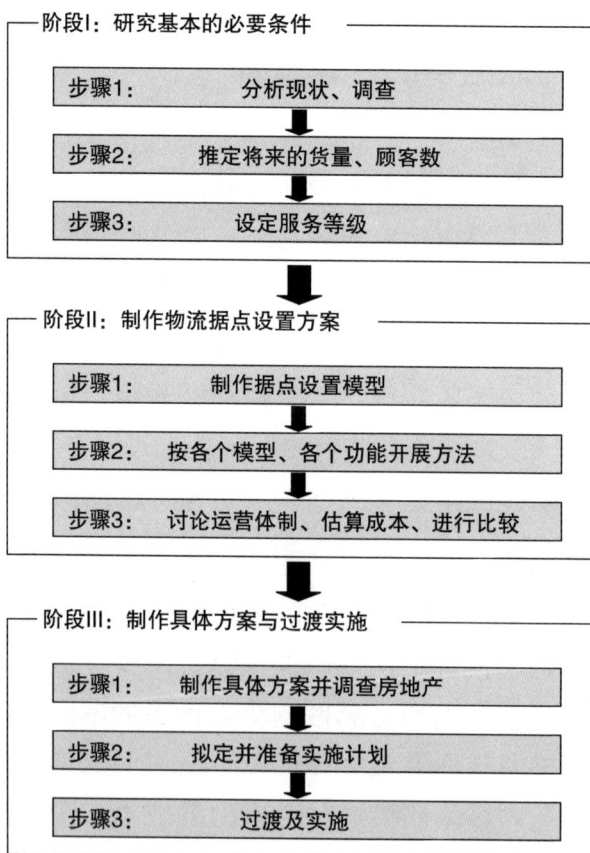

┌─ 阶段I：研究基本的必要条件 ────────────┐
│ ┌──────────────────────────────┐ │
│ │ 步骤1：   分析现状、调查   │ │
│ └──────────────────────────────┘ │
│ ┌──────────────────────────────┐ │
│ │ 步骤2： 推定将来的货量、顾客数   │ │
│ └──────────────────────────────┘ │
│ ┌──────────────────────────────┐ │
│ │ 步骤3：   设定服务等级   │ │
│ └──────────────────────────────┘ │
└──────────────────────────────────┘

┌─ 阶段II：制作物流据点设置方案 ──────────┐
│ ┌──────────────────────────────┐ │
│ │ 步骤1：   制作据点设置模型   │ │
│ └──────────────────────────────┘ │
│ ┌──────────────────────────────┐ │
│ │ 步骤2： 按各个模型、各个功能开展方法 │ │
│ └──────────────────────────────┘ │
│ ┌──────────────────────────────┐ │
│ │ 步骤3： 讨论运营体制、估算成本、进行比较 │ │
│ └──────────────────────────────┘ │
└──────────────────────────────────┘

┌─ 阶段III：制作具体方案与过渡实施 ────────┐
│ ┌──────────────────────────────┐ │
│ │ 步骤1： 制作具体方案并调查房地产   │ │
│ └──────────────────────────────┘ │
│ ┌──────────────────────────────┐ │
│ │ 步骤2：   拟定并准备实施计划   │ │
│ └──────────────────────────────┘ │
│ ┌──────────────────────────────┐ │
│ │ 步骤3：   过渡及实施   │ │
│ └──────────────────────────────┘ │
└──────────────────────────────────┘

诸如"发现了一块能马上使用的土地"，"行业内的熟人介绍了一个条件不错的仓库"等非常具体的信息。但是，在此还是让我们按照逻辑性的程序来一步步地展开。首先，要明确现状下物品的流通、顾客、物品数量、成本以及服务的状况。其次，再来明确将来的物品数量、顾客以及所必需的服务。据点的设置，最好能维持至少 5 年的时间，所以要大胆地设想今后 3 至 5 年顾客及商品的变化。

然后，将对未来的设想作为前提，拟定 3 至 5 个模型，一边调整数量及场所、库存的持有方式等要素，一边进行比较研究。由于需要巨大的投资，所以上层领导对服务和成本进行判断也是必不可少的。

5-8 运送体制与库存

▶——构建运送体制实现库存策略

为了实现库存策略，必须具体地构建用于向顾客运送商品的运送体制。在运送之前，必须要确认库存处于什么样的状态，规定从该库存中分拣出多少数量，以及决定是否将要发出的货品按照顾客种类的不同进行组合配套等等。并且，还需要决定运送该商品的方法。

关于运送体制，一般情况下都会涉及专门的运输公司。委托给专门的运输公司的时候，要设定一个我们所期望的运送标准，并让其公司落实。 关于车辆的使用方法、发货时间带的形式、配送频率以及交货批量的形式等，都应该在事前研究好再指示给运送人员。 如果做不到这一点，运输单价以及物流费用的管理将会变得十分困难。

▶——构建运送体制的方法

为了构建好运送体制，首先要描绘出以顾客要求为基础的理想状态。 "集约库存、减少断货"，"缩短接单到交货的时间"，"将多数品种组合成套"等的目标与期望决定了发货的场所和运送的方法。 作为前提的发货场所、在发货地点的库存方法以及运送的方法，必须同时决定。

◎运送的几种模式
▽表示该地点可能有库存或暂置物品

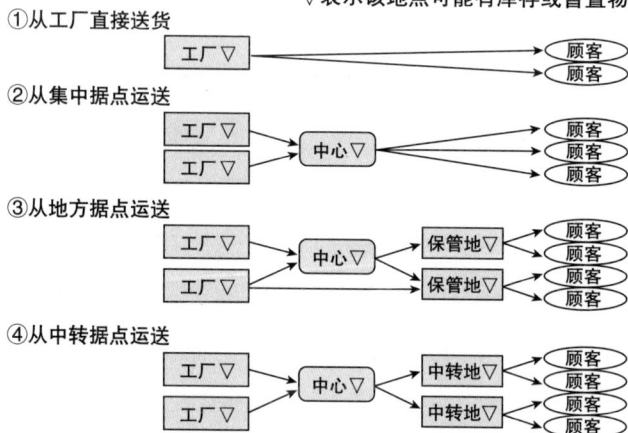

①从工厂直接送货

②从集中据点运送

③从地方据点运送

④从中转据点运送

◎理想的服务与运送方式

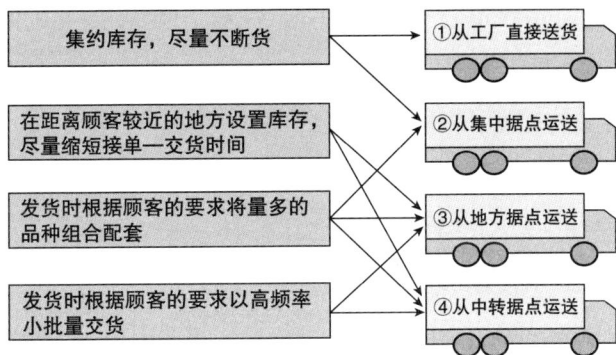

至于运送方法，就是要利用车辆和司机，将顾客所需要的物品以准确的数量，在规定的时间送到规定的地点。 为了完成这一目的，需要决定运送路线以及发车时间；此外，还要选出能够完成此项任务的运输公司并加以委任。

专门的运输公司有很多，不但有国家型的大企业，也有中小型的公司，应该从中选出信誉高的公司。 此外，应该与输送公司一起研究讨论运送的合理方式。 这需要我方不能单方面地向运输公司下指示，而应该双方共同决定合作的方式。

5-9　物流体制与库存管理

►——理想的物流体制与库存管理

现如今，物流不断要求具有全球化模式的体制。 此外，还需要物流体制具有一贯性，不会因为职能不同而被分裂。 如今信息化也在不断发展，所以采取的体制必须能够跟得上信息化，还需要能够应对不断变化的环境，能够持续性地进行改善。

物流需要能够运营诸如将商品送到客户手中等一系列程序的组织和结构。 所构建的体制必须能够以较低的成本、流畅的速度完成从制造行业接受物资到最终运送、交纳商品的整个过程。 在这个过程中，理所当然地与货品的关系非常密切。 这些物品可能是原料，可能是零部件，也可能是半成品或完成品。 为了流畅地进行一连串的作业，必须准确地备好物品。 库存管理在这层含义上来说是非常重要的。

▶──物流运营体制的形式

物流运营的体制通过由谁进行物流作业而决定，必须判断并决定是由本公司员工执行，还是成立物流子公司，派公司员工去完成，或者将业务委托给专门的物流公司来完成。 判断哪种方法更好并不简单。 无论哪种方法，只要自始至终地贯彻实施，就都会达到理想的效果。 然而，必须充分考虑到如果状况发生改变，能否持续地运营下去。

虽然外包，3PL（third party logistics，第三方物流）等概念被频繁地使用，然而这并不是把所有业务都委托出去的意思。 必须时刻监控物流活动是否有效地运行且是否满足了顾客的需求。 此外可以决定我方规定的评价项目，并让委托的专门公司采取其指标。 在一些先进企业中，贯彻着"自己能够做的事，全在自己公司做，绝不委托"的方针。 总之，一切都取决于能否持续性地取得满意的结果。

◎外包的领域

流程 内容	接单订货	保管、库存	包装、捆包	装卸、作业	运输、配送	安装、修理
操作	·受理顾客的订单 ·登记订单 ·向公司内外指示、订货	·保管业务 ·盘点业务	·发货捆包作业	·进发货作业 ·存放作业 ·拣货作业 ·流通加工	·运输产品 ·配送产品 ·回收退货 ·回收废弃物	·安装作业 ·指导操作 ·修理作业
管理	·管理各个顾客的实际订单 ·管理订单的进度	·管理数量 ·维护品质管理	·管理作业效率 ·管理交货期 ·管理捆包材料	·管理运输实绩 ·管理交货期	·管理输送实绩 ·管理实际运费 ·安全管理	·管理实绩
计划	·订单促进计划 ·业务平均化计划	·库存计划 ·储位计划	·安排管理捆包材料 ·需要人员计划	·计划作业编组 ·安排需要人员	·配车运行计划 ·线路计划 ·退货回收计划	·修理计划 ·准备修理零件
改善	·按不同顾客管理盈亏 ·提高服务质量 ·提高业务效率对策	·削减库存 ·削减空间 ·重估委托单价	·改善作业方法 ·改善捆包作业 ·重估作业单价	·改善作业方法 ·促进机械化 ·防止发货错误	·计划转换运输方式 ·重新编组员工 ·促进共同运输 ·降低单价	·缩短修理LT ·削减零件库存

117

◎理想的物流运营体制

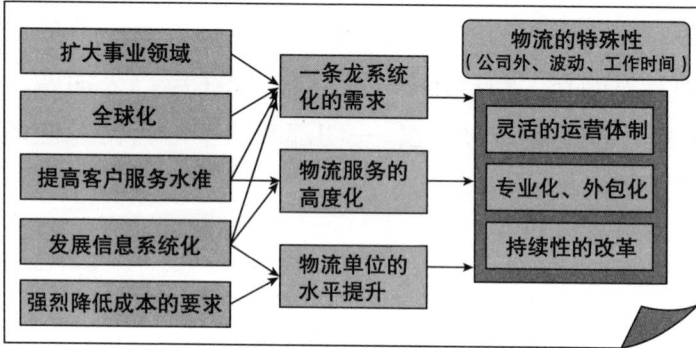

扩大事业领域

全球化

提高客户服务水准

发展信息系统化

强烈降低成本的要求

一条龙系统化的需求

物流服务的高度化

物流单位的水平提升

物流的特殊性
（公司外、波动、工作时间）

灵活的运营体制

专业化、外包化

持续性的改革

第 6 章
库存计划与统一管理

6–1 有计划地控制库存

▶——描绘库存的必要状态

库存能够为提高顾客服务质量，降低成本以及改善资金流量做出重要的贡献。 这一节我们就来清楚地把握一下什么状态下的库存能够做出贡献。 首先需要明确目标，比如"保证多种物品数量充足"、"储备新产品以备销售"、"储备库存以备季节变动"等。

库存通过"进"和"出"来决定，之前已经讲到，控制"进"的方面就是库存管理。 通过调整"进"，将库存控制在合适的数量上。 所谓调整"进"，就是实施"库存计划"。 为了实施"进"的计划，在此之前必须把握"出"的状况。 也就是说，只有把握好"出"的状况，才能制定好"进"的计划。

▶——如何对控制库存进行改善

一项改善可能会对各种不同的事项产生影响，我们应该在此认知之上进行改善。 所谓"进"的改善，对生产商来说就是生产方式的改善。 这就需要将多个品种以小批量、高频率、短周期的方式进行生产。 如果自己公司没有生产的能力，就需要把握委托方或供货商的生产方式，共同进行改善，需要强烈要求改善。

另一方面，关于"出"的改善，首先要精选对象，明确存在问题的品种以及顾客。 通过向自己提问，诸如总是以高频率少批量订货的是哪些品种和顾客，哪些顾

◎有计划地控制库存的"进"

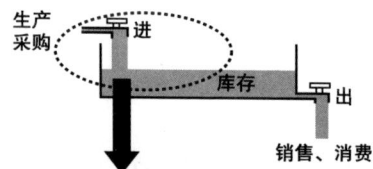

生产
采购　　进

库存　　出

销售、消费

【对进的条件进行改善】
■自己公司的制造部门
・小批量生产化
・多品种生产化
・高频率生产化
・生产计划短周期化
■向外部委托、采购时
・找出有问题的品种、对象
・掌握其生产方法、计划方法
・共同推进改善

◎有计划地控制库存的"出"

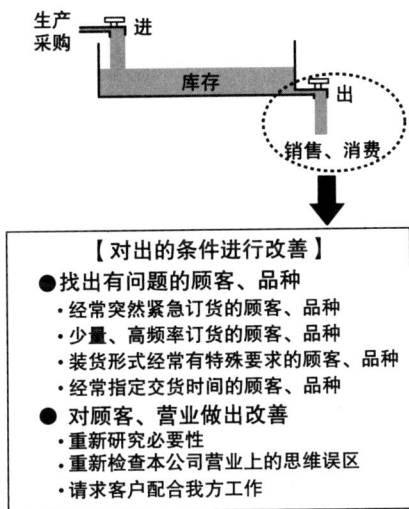

客指定了交货时间，交货商品外形特殊的品种有哪些等等，来明确对象。 在此之后，要彻底逐个地确认有这些要求的顾客和品种是否真的存在。 这是因为经常会存在我方的固执己见或自己公司的营业部门随意乱下指示的情况。 总之，要时刻顾及到成本，并一步步地考虑对策。

6-2 制造业的关键在于"产销存"的计划

▶——制造行业要以定期性的计划为中心

制造业就是利用生产设备将原料由专门人员制造成

商品的行业。 虽然每个公司的规模和流程有所不同，但都需要有效率地生产和制造。 为此，需要拟定良好的生产计划，并按照计划进行生产。 拟定一项生产计划，与其每当需要的时候才做，不如定期地反复制定，这样更能稳定地应用到生产中。 此外，最好也能定期地向供货商订购必要的生产原料。

定期性的计划，根据所计划的"期间"不同而相应不同。 期间有可能是 3 个月、1 个月或 1 个星期等长短不一，但原则上根据想固定的计划期间而决定。 虽然计划期间可能相同，但拟定计划的频率，既"计划周期"也会不同。 计划周期要尽量缩短，这样更能反映出库存的状况。 此外，比制造之日提前多少天制定计划，这叫做"计划的先行度"，其会受到从拟定计划起到开始制造为止的周期的影响。 如果生产的原料是根据生产计划从供货商处进来的，就要让原料筹措的周期先行。

▶——生产、销售、库存计划是制造行业的基本计划

制造行业的定期性生产计划，采取定期不定量的计划方法。 首先要有一个预测销售数（预定销售数）。由于要使用的预定数可能会发生变化，所以在这个数值里要加上安全库存；然后在此之上，要加上销售之后想保有的库存量。 从这个总和中减去计划时期初始时已有

的库存数量。 计算公式如下。

$$
\begin{aligned}
下期生产计划数 = &\ 下期预测销售数 + 安全库存数 \\
&+ 下期末库存计划数 \\
&- 下期初始推测库存数
\end{aligned}
$$

◎生产计划的类型

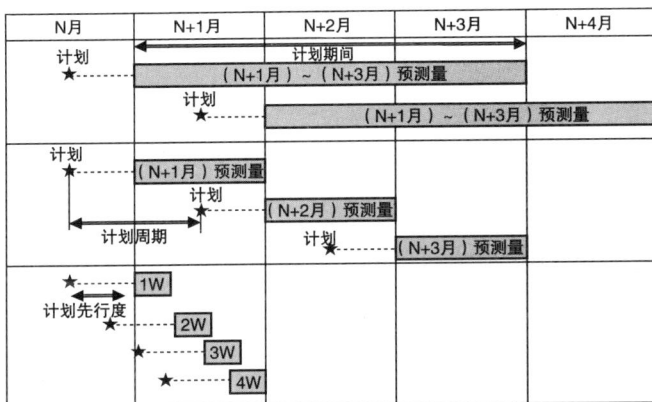

N月	N+1月	N+2月	N+3月	N+4月
计划 ★	←———— 计划期间 ————————→			
	（N+1月）～（N+3月）预测量			
	计划 ★	（N+1月）～（N+3月）预测量		
计划 ★	（N+1月）预测量			
	计划 ★	（N+2月）预测量		
←— 计划周期 —→		计划 ★	（N+3月）预测量	
★ 计划先行度	1W			
	★	2W		
		3W		
		★ 4W		

◎改善短周期计划的例子

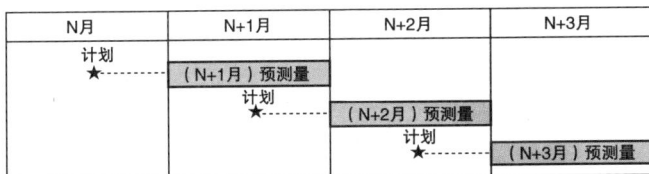

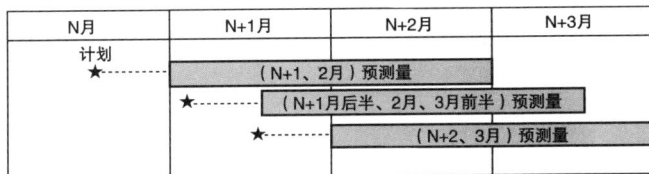

N月	N+1月	N+2月	N+3月
计划 ★	（N+1月）预测量		
	计划 ★	（N+2月）预测量	
		计划 ★	（N+3月）预测量

↓

N月	N+1月	N+2月	N+3月
计划 ★	（N+1、2月）预测量		
	★	（N+1月后半、2月、3月前半）预测量	
	★	（N+2、3月）预测量	

123

如上所示，生产数量是考虑了销售数量和库存数量后决定的。 该"产销存"计划与具体的生产日程密切相关，同时还显示出了与销售相对应的供给方式。

6-3 "产销存"计划的要点

▶——产销存计划决定制造公司的"生产水平"

生产、销售、库存计划通常会定期地（一般为每个月）制定。 该计划会决定 1 个月或 3 个月等一定期间内的生产和销售总量。 而库存则为该期间结束时的数量。

生产计划除了决定工厂的作业强度，也基本决定了制造原价。 由于销售计划直接关系到了销售额，所以是非常重要的数字。 而关于库存，当销售没有按预定计划实现时虽然跟原定计划有出入，但平均来说还是该计划的数量。 总之，产销存计划是决定大框架的计划，它决定了生产水平和库存水平。

产销存计划决定了生产水平，同时又可以分解为一个个的"日程计划"，即以天为单位按一定的程序生产和制造。 该日程计划在产销存计划的框架中，只不过是按天分摊而已，然而根据对每天分配的方法不同，生产制造的方法也随之不同，生产性也会受影响。 库存也同样会受到影响。

▶——首先考虑库存计划，再决定生产水平

现在，一味重视生产的作业强度而制定生产计划的公司已经越来越少了，不过现实中仍然有很多公司因为"人手出现剩余"、"不能让设备停止不工作"以及"如果生产得少，制造原价就会高"等理由，而制造一些不能马上卖掉的物品并堆积起来。 还有的时候，关于资金流量，负责制造的相关人士显得过于无知，认为与自己无关。

首先需要贯彻一个思路，那就是计划销售部分的商品必须要保证生产出来，同时一定不要制造多余的商品，必要的商品中要包括安全库存。 而且，在下一次制定计划之前，必须保有用于应对销售的库存（计划库存）。 其实产销存计划的要点就是以库存为中心来实施计划。 该库存的数量，应该根据以往的实际业绩去科学地决定。

◎生产计划的种类与用途

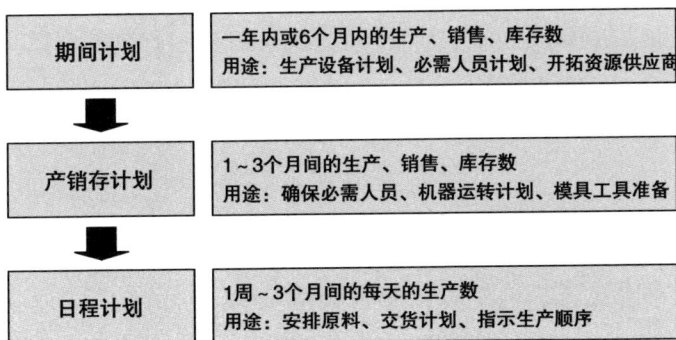

期间计划	一年内或6个月内的生产、销售、库存数 用途：生产设备计划、必需人员计划、开拓资源供应商
↓	
产销存计划	1~3个月间的生产、销售、库存数 用途：确保必需人员、机器运转计划、模具工具准备
↓	
日程计划	1周~3个月间的每天的生产数 用途：安排原料、交货计划、指示生产顺序

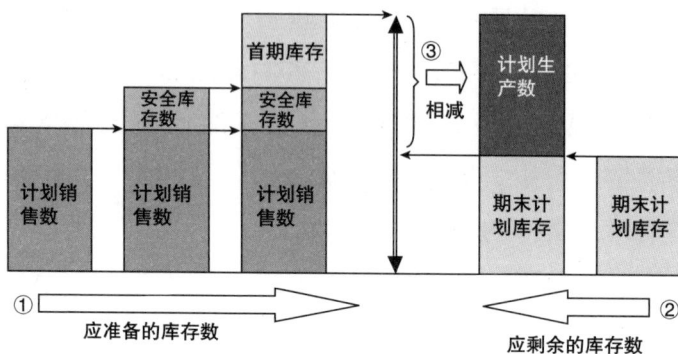

◎产销存计划数的关联图

6 – 4　销售预测的形式

▶——区分销售预测的对象

有关预测的方式，在 3 – 13 对时间顺序分析和季节指数做过了介绍。 在本节里，对"销售的预测"，即"把握预定销售数量的方法"进行讲解。

事先对即将销售，或能够销售的数量进行正确的预测是非常困难的。 如果顾客是固定的，且定期地稳定消费的话还相对简单，但一般来说是比较难的。

如果期望每次都能全部正确地预测出销售量，则会难上加难。 所以，首先应该把预测不准也影响不大的物品从每次的销售预测对象中排除出去。 在排除掉这些之后，根据过往的实际销售情况决定库存标准，使订货量能够机械地被决定出来。 该订货方法可以适用"订货时

126

间点法"或"最大库存维持方式"。

▶——针对重点物品的预测方法

进行销售预测时，首先要挑选出重要物品。 重要物

◎区分使用销售预测的方法

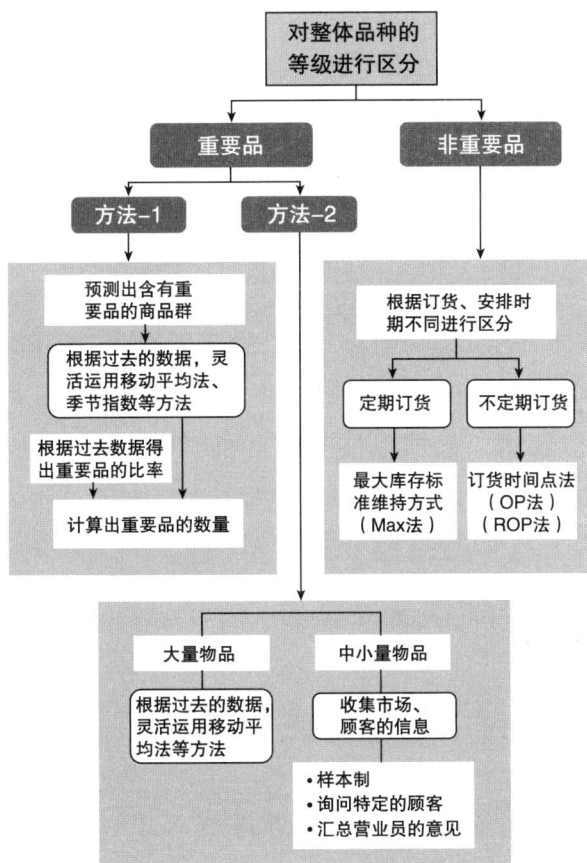

```
                    ┌──────────────┐
                    │ 对整体品种的  │
                    │ 等级进行区分  │
                    └──────────────┘
              ┌───────────┴────────────┐
         ┌─────────┐              ┌──────────┐
         │ 重要品   │              │ 非重要品  │
         └─────────┘              └──────────┘
      ┌──────┴──────┐                   │
  ┌────────┐   ┌────────┐
  │ 方法-1  │   │ 方法-2  │
  └────────┘   └────────┘
```

方法-1

预测出含有重要品的商品群

根据过去的数据，灵活运用移动平均法、季节指数等方法

根据过去数据得出重要品的比率

计算出重要品的数量

非重要品

根据订货、安排时期不同进行区分

定期订货 ／ 不定期订货

最大库存标准维持方式（Max法）／ 订货时间点法（OP法）（ROP法）

方法-2

大量物品 ／ 中小量物品

大量物品：根据过去的数据，灵活运用移动平均法等方法

中小量物品：收集市场、顾客的信息
- 样本制
- 询问特定的顾客
- 汇总营业员的意见

品，包括比如单价高的，数量多的，品质水准高的，竞争力强的，新发售的产品等等，这些根据企业以及企业状态的不同而相应的不同。 这需要各个公司自己下定义规定，并决定出重点的产品和商品。 对于选为重点品的物品，要集中注意力收集市场的信息。 可以采访一部分顾客，问问他们的购买计划，然后加以扩大，进行判断。 至于消费财力，可以从一般消费者中选出样本加以参考。

虽然销售预测不能预测得完全准确，然而如果是在将来较短的一段时间内，则预测准确的概率就会提高。虽然 3 个月之后的情况现在完全摸不到头绪，但 1 周的话则能提高预测的准确率。 此外，较之预测 1 个月销售100 个左右的物品，预测一个月销售 1 万个左右的商品群则更能提高整体预测准确的概率。 此外，还能以组群为单位进行预测，根据以往的实际业绩比较其中的重要物品所占的比例，以此来计划个别品种的数量。

6 -5 生产计划决定库存

▶——生产计划就是执行计划

生产计划对具体的生产作出指示，确定什么时候生产什么，决定生产的顺序。 根据该计划，决定人员的分配，将材料投入生产线，以及准备生产工具。 当生产为

按库存生产时，如下图所示，表示为计划表的形式。

◎**生产计划的例子**

按天数指示生产数量的计划表

	1 周日	2 周一	3 周二	4 周三	5 周四	6 周五	7 周六	8 周日	9 周一	10 周二	11 周三	12 周四	13 周五	14 周六	15 周日	16 周一	17 周二	18 周三	19 周四	20 周五	21 周六	22 周日	23 周一	24 周二	25 周三	26 周四	27 周五	28 周六	29 周日	30 周一
AAAAA		150	150	150	150																									
BBBBB							110			110	110	110	30																	
CCCCC												100	160																	
DDDDD																80	80	80												
EEEEE																			150	150										
FFFFF																						130	130							
GGGGG																								100						
HHHHH																									90					
XXXXX																											150		150	

按条状图进行计划

	1 周日	2 周一	3 周二	4 周三	5 周四	6 周五	7 周六	8 周日	9 周一	10 周二	11 周三	12 周四	13 周五	14 周六	15 周日	16 周一	17 周二	18 周三	19 周四	20 周五	21 周六	22 周日	23 周一	24 周二	25 周三	26 周四	27 周五	28 周六	29 周日	30 周一
AAAAA			600																											
BBBBB								470																						
CCCCC												260																		
DDDDD													240																	
EEEEE																300														
FFFFF																		260												
GGGGG																					100									
HHHHH																						90								
XXXXX																							300							

当生产个别订货的物品时，很多情况下针对每项作业，会出具各自的作业票据；在工作现场要决定按怎样的顺序处理每项指示票据；在作出决定后，或将指示票据按实施顺序排列，或像按库存生产一样制作计划表后张贴在工作现场。 生产计划没有必要制定整个工程的计划，因为只要制定好处于瓶颈工程的计划，位于前后的工程即使不用做表也可以判断出早几天（几小时）或晚几天（几小时）。

▶──制定减少库存的生产计划

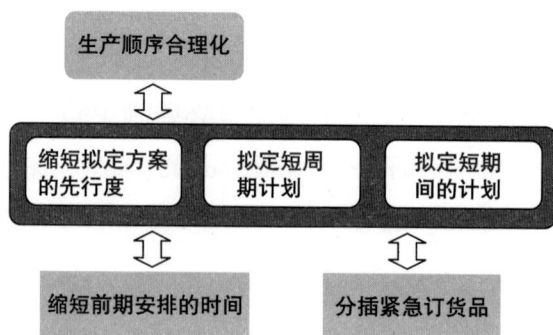

生产计划就是要决定生产的顺序。 越早做出来的物品可以越早发货，但如果发不出去就会变成库存积压。而晚一些时候生产出的物品则可能在马上需要的时候无法及时供货，导致断货情况的发生。 但另一方面却能保证其作为库存滞留的时间很短。 如果仔细分析必要的物品，可能会发现有的物品要在月初使用，而有的物品在月末使用。 我们应该把握这些信息，灵活应用到生产顺序上。

生产计划就是执行计划。 但是，如果计划期间太长，则会产生问题。 因为在接到紧急订单时，或当改变计划能够促进销售时，以及希望抑制库存增长时，就需要改变计划。 虽然以短周期制定计划会花更多的时间，但是这样可以在库存较少的情况下生产必要品。 不过，这就需要同时在不降低生产效率上下工夫。

◎减少库存的生产计划

```
                ┌─────────────────┐
                │  生产顺序合理化   │
                └─────────────────┘
                         ⇕
  ┌──────────────────────────────────────────────┐
  │  ┌──────────┐  ┌──────────┐  ┌──────────┐  │
  │  │ 缩短拟定方案 │  │ 拟定短周  │  │ 拟定短期  │  │
  │  │ 的先行度   │  │ 期计划    │  │ 间的计划  │  │
  │  └──────────┘  └──────────┘  └──────────┘  │
  └──────────────────────────────────────────────┘
         ⇕                              ⇕
  ┌──────────────┐            ┌──────────────┐
  │ 缩短前期安排的时间 │            │ 分插紧急订货品  │
  └──────────────┘            └──────────────┘
```

130

6-6　生产进度的管理与库存

▶——生产进度管理需要2项行动

如果为库存制定计划并反映到生产计划中，然后按照预定实施生产的话，库存也能够按照计划来掌控。 为了合理地保有库存，必须恰当地控制生产进度，使其按照计划进行。 生产的进度管理，就是针对预定的计划跟踪实际的业绩。 应该实际把握一天的预定生产进度的状况以及一段时期内生产进展的情况。

进度管理不只是掌握实际业绩的进度状况，还必须实施行动，当实际业绩与原计划出现不同时要做出修正。 该行动，就是要把相对于计划的实际状况尽早并准确地传达给相关人员。 如果计划乱了，就会导致之后的工程人手剩余，或者材料发生过多以及缺少的情况，还可能给供货商造成麻烦。 此外，另一项必不可少的行动是采取措施让计划与实际业绩相吻合。

▶——掌握实际业绩后要迅速反馈

针对一项计划去掌握实际业绩，有时会利用能够自动掌握的POP（Point of Production）的系统，不过大多数时候都是人工进行确认：去生产现场确认生产数量，然后将其信息与计划进行对比。 确认的频率越高，进度就能越快地被反馈回来。 有关库存的状况要传达给营业部

门，比如可能发生了断货情况，或者产品提前生产出来
了，能够更快地交给顾客等等，这些信息越早传达
越好。

◎进度管理的内容

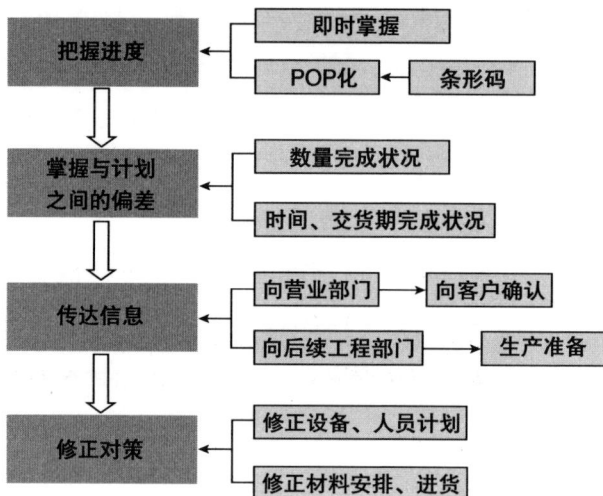

```
┌──────────┐      ┌────────────┐
│ 把握进度  │◄─────┤  即时掌握   │
└──────────┘      ├────────────┤      ┌──────────┐
     │            │   POP化     │◄─────┤  条形码   │
     ▼            └────────────┘      └──────────┘
┌──────────┐      ┌────────────────┐
│ 掌握与计划 │◄─────┤  数量完成状况   │
│ 之间的偏差 │      ├────────────────┤
└──────────┘      │ 时间、交货期完成状况│
     │            └────────────────┘
     ▼
┌──────────┐      ┌────────────┐      ┌──────────┐
│ 传达信息  │◄─────┤  向营业部门  │─────►│ 向客户确认 │
└──────────┘      ├────────────┤      └──────────┘
     │            │ 向后续工程部门│─────►┌──────────┐
     ▼            └────────────┘      │  生产准备 │
┌──────────┐      ┌────────────────┐  └──────────┘
│ 修正对策  │◄─────┤ 修正设备、人员计划 │
└──────────┘      ├────────────────┤
                  │ 修正材料安排、进货 │
                  └────────────────┘
```

◎进度管理的要点

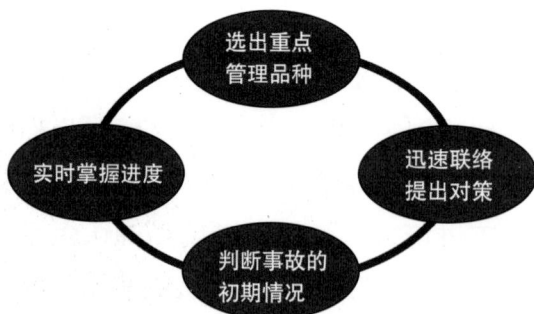

```
              ┌──────────┐
              │ 选出重点  │
              │ 管理品种  │
              └──────────┘
      ┌──────────┐      ┌──────────┐
      │实时掌握进度│      │ 迅速联络  │
      │          │      │ 提出对策  │
      └──────────┘      └──────────┘
              ┌──────────┐
              │ 判断事故的 │
              │ 初期情况  │
              └──────────┘
```

132

为了按照计划生产并确保一定的库存而要采取的行动就是在生产现场实施相应的对策。比如改变人员的投入，延长作业的时间或扩大场所等等。通过这些对策，能够确保计划的库存数量、产生库存的时机与预定计划大体相符。

6-7 外部供货物品的库存计划

▶——外部供货物品的特征与管理要点

外部供货物品是通过从外部购买或委托外部生产。与在公司内部生产不同，由于是从外部企业筹措的物品，所以存在与公司内部物品不同的特征，必须要在十分了解的基础上进行管理，并正确地运用库存。

首先，由于物资筹措"来源于外部"，所以对方的生产方式以及运送货品的方式往往容易迁就对方，为对方提供方便。特别是，如果对方是大型制造商，有的时候可能会默认并听从对方的指示。我们应该像对方明确传达我们的要求，必须要结合我方公司的必要性，向对方提出委托小批量的物资筹措、准时生产方式（JIT：Just-in-Time）、较短交货周期等要求。另外，由于此外部供货的物品是用于"内部使用"，所以必须以便于使用的状态保管。这就需要放置的方法以及包装的样式便于拣货，易于作业。

133

▶——准时生产交货（JIT 交货）的进行方式

现如今丰田的主要管理方式以及 JIT 已经作为一种高效的生产方式在整个世界推广开来。 被称为丰田式生产方式的这种方法需要进行大范围的改善，同时也需要进行改善的哲学和强韧的意志，以及坚持不懈的努力。 其中 JIT 交货也被很多的企业导入和采纳，但如果不以改善作为大前提的话，则不会成功。

为了使 JIT 交货取得成功，如果使用方的生产计划的内容无法等量均衡，则供给方会很难配合。 此外，由于 JIT 交货需要以非常快节奏地进行指示和进货，所以必须在事先就明确地规定好交货量和频率。 同时，必须以先行的计划方式向供应商提供预计使用的信息，让其有所准备，同时小批量生产以及缩短生产周期也是必须要改善的。

◎外部供货物品的特征与管理的要点

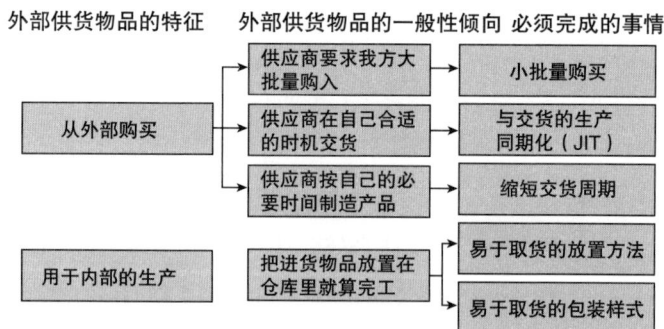

外部供货物品的特征	外部供货物品的一般性倾向	必须完成的事情
从外部购买	供应商要求我方大批量购入	小批量购买
	供应商在自己合适的时机交货	与交货的生产同期化（JIT）
	供应商按自己的必要时间制造产品	缩短交货周期
用于内部的生产	把进货物品放置在仓库里就算完工	易于取货的放置方法
		易于取货的包装样式

◎JIT交货的必要条件

JIT交货的必要条件

1. 使用方对生产的量进行均衡化
2. 事先告诉对方交货量和时机
3. 交货指示方法的合理化（主要管理方式的合理化）
4. 原料供应商的小批量生产
5. 原料供应商缩短生产周期
6. 交货的高频率化

6-8 库存实际业绩的管理

▶——掌握实际库存业绩的方法

库存每天都在变动，其中有的商品必须每天检查并不断采取对策。比如超市及便利店的商品中有很多需要每天补充库存。库存的实际业绩根据商品的特征，顾客的要求，供给的方法等不同，掌握其周期也需相应地变化。制造行业里一般情况下每个月进行 1 次，但对于重要物品或出现问题的物品，则需要每周甚至每天掌握其库存情况。

作为掌握库存实际业绩的基本单位，有按品种区分、按品种群区分、按场所区分、按顾客区分、按价格带区分、按生产时期区分的等等。为了掌握库存整体上是否合理的配置或有没有出现问题，每一个企业必须自己思考应该以什么基本单位来掌握实际业绩。 要掌握的库存实际业绩的内容包括库存金额、库存数量、库存重量、库存容积、库存周转率、存放天数等等。

◎ 把握实际库存的单位与内容

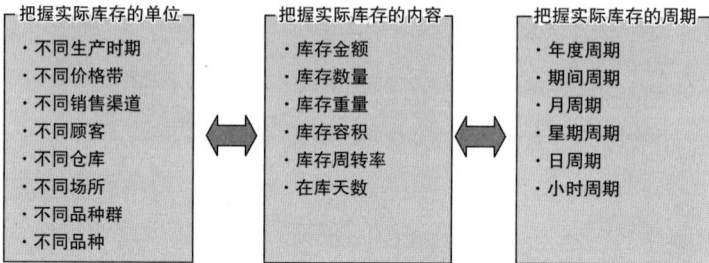

把握实际库存的单位	把握实际库存的内容	把握实际库存的周期
·不同生产时期 ·不同价格带 ·不同销售渠道 ·不同顾客 ·不同仓库 ·不同场所 ·不同品种群 ·不同品种	·库存金额 ·库存数量 ·库存重量 ·库存容积 ·库存周转率 ·在库天数	·年度周期 ·期间周期 ·月周期 ·星期周期 ·日周期 ·小时周期

◎ 库存计划与实际库存的对比

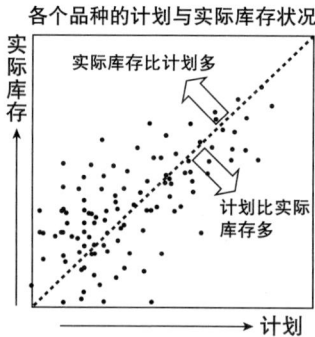

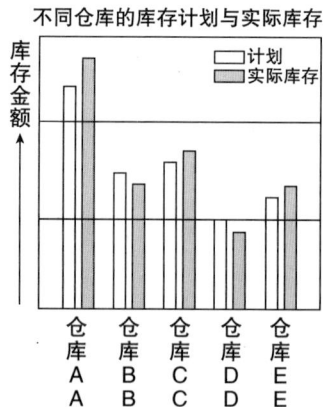

各个品种的计划与实际库存状况

实际库存比计划多

计划比实际库存多

实际库存 →

计划 →

不同仓库的库存计划与实际库存

库存金额 →

计划
实际库存

仓库A
仓库B
仓库C
仓库D
仓库E

▶——经常对比计划更易于管理

管理，用一句话来说就是 Plan—Do—See 的反复循环。 Plan 就是计划，将库存的计划与实际业绩相比较，判断多或少。 前面也提到了，库存的计划要根据需求的状况来决定，而当其计划数量在实际中不足时，就必须采取行动。 以制定计划的单位来掌握实际业绩是理所当然的，不过当发生问题时，有时也要注意其品种按不同场所放置而统计的实际情况。

对于库存实际业绩的评价，与其将绝对数量的差别作为问题，不如用实际业绩相对于原计划不准确的比例来判断，这样能得出更正确的评价。 比如 A 品种原计划生产 100 而实际生产了 90，则实际业绩的差异为 −10%。 而 B 品种原计划生产 500 个，而实际生产了 490 个，所以实际业绩的差异为 −2%。 虽然它们同为 10 的绝对数量差异，但差异率却相差很大。 我们应该用差异率来分析，而不要只关注差异数量。

6 −9　持续监控库存的变化

▶——要持续性地监视库存

库存时刻都在发生着变化，必须不断地掌握各种变化的情况。 如果经常地监视，就会注意到各种变化。这样当出现异常情况时，就能够迅速采取相关行动。 变化并非完全不能想象的，在某个固定的周期内，经常会发生模式化的变化。 如果掌握了在多长的周期内发生着怎样的变化，就等于知道了顾客的购买动向和消费模式。

　　库存的变动状况，也会受生产、购买和进货方法等的影响。 如果一步步对变化进行追查，就会逐渐明确生产和物资筹措的方法，以及计划方法的问题。 由于库存只是"进"和"出"的结果，所以库存不会连变化的原因都告诉我们。 如果对控制库存的基本单位以及控制库存的内容做出恰当的处理，"进"和"出"的状况就会逐渐并具体地浮现出来。 如果得到的某个消息说某仓库的某品种群的货品出现了库存周转率恶化的情况，则有可能说明对某些顾客的销售量减少了。 所以，重要的是要了解结果，并以此来推测原因。

▶──监控库存的结果要落实为图表

　　当监视、监控库存时，去现场亲自观察实际的库存状况也是非常重要的。 因为一些只靠数字无法体会到的质量感能在现场真实地体验到。 库存商品是否因为积压而布满灰尘也只能通过现场观察才体会得到。 经营者们会亲自去生产现场，然而却很少视察仓库。 但其实仓库才是反映了现状诸问题点的一个结果的地方。

　　库存状况应该落实为图表的形式。 可以将按月统计的数据与去年进行对比。 然后将本年度的库存金额、库存周转率与上年同月数据相比，看看有什么变化。 同时，分析按天统计数据的变动也很必要。 零售行业甚至需要掌握按小时统计的库存变动，也要考虑按时间带不同采取不同的供给方法。 能直观看到的库存状况，可以带来更大的印象冲击力。

◎监控库存的方法

1.作成图表

2.包括上层领导在内进行层层把关

3.与上一年度进行对比

4.在以月份为单位分析的基础上也注意每天变化的状况

5.除了看所有品种的合计，还应重点分析存在问题的品种群

◎库存状况的图表例子

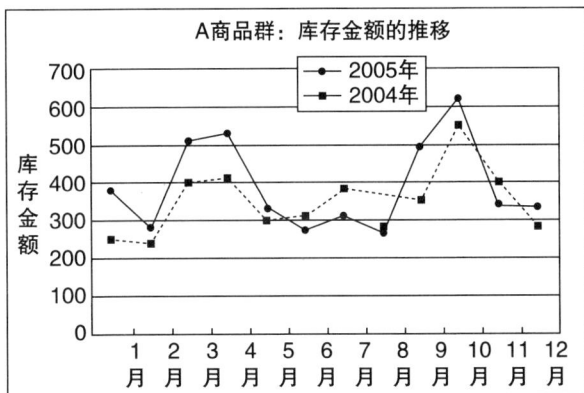

A商品群：库存金额的推移

139

6-10 建立高水平的体制

▶——明确各部门应做的事务

至此为止，本书已经介绍了很多库存管理中应该做的事项。可见库存管理并不是某一个部门拼上全力就能做好的。比如生产部门或者物资筹措部门即使制定了小批量生产或进货的体制，如果其商品在送到顾客手里之前一直尘封在仓库里，那么所制定的小批量体制也就失去了意义。信息系统对库存管理来说是非常重要的主干系统。而且推进系统化进程的顾问部门也必须对库存管理具有较全的知识储备。

此外，销售部门的作用在于将商品销售给客户，并接受来自客户的订单，但为了满足客户，还必须明确销售的构想，将其作为销售计划展示给生产与采购部门。此外，设计和开发部门为了减少材料与零部件的库存，同时也为了降低材料和零部件的成本，必须尽量实现材料和零部件的共通化。相关的多个部门对各自应做的事务应该有明确的认识，相互合作推进库存管理和削减库存的活动。

▶——强化推进改革的力度

接下来将视角从库存管理放宽，思考一下在推进改善和改革时有哪些重要的事项。

140

首先，为了推进改革，必须熟练掌握改善与改革的思路和手法。此外，构建信息系统以连接整体的能力和技术力量也必不可少。

◎抑制库存的体制

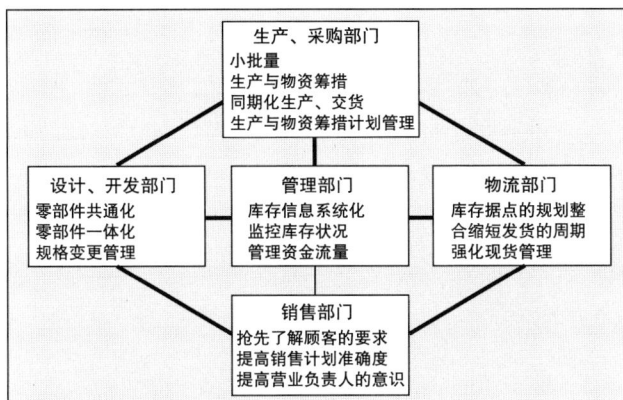

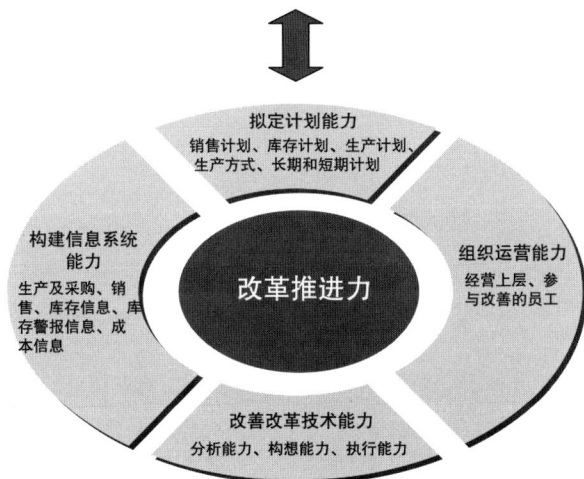

这些技术力量通过用于具体计划并实施的过程来实现。　这需要能够切实拟定从长期到短期计划方法的能力。　为了推进这一连串的改革，需要有组织的运营体制。　将经营的上层领导作为推进的中心，将涉及具体的现场改革的推进体制作为推进改革的巨大动力。

第 7 章
现货管理

7 –1　现货管理的重要性

▶——做好现货管理来满足顾客降低成本

制造行业和流通行业大部分都在进行产品及商品的制造和销售。 制造行业从购买材料开始，流通行业从采购商品开始，分别到递交给客户为止，整个过程都在与"物品"打交道。 当处理"物品"时，如果多花费了时间或者中途出错了，都会对效率产生巨大的影响。 不止如此，还会影响到客户，甚至可能会导致整个商务活动无法顺利进行。

使"物品"的流通更顺畅，减少停滞，加快流通速度，同时按照客户的要求，将必要的物品以必要的数量在必要的时间内送到必要的场所——这些都是经营上重要的课题。 如果不能保证现货管理的顺利进行，就会在很多时候产生不良影响。 由于进行现货管理的场所就是处理"物品"的场所，所以就涉及工厂、仓库和物流中心，同时与掌握情报也息息相关，所以具备信息系统的观点也是非常重要的。

▶——现货管理要考虑整体的流程

下面让我们在重点考虑满足客户需求的前提下，思考一下现货管理的课题。 为了满足顾客的要求，必须在保证品质没有问题的基础上做好先进先出。 此外，为了能尽早取出正确的品种，必须在保管方法上下工夫并进行位置管理。 如果不进行整理与整顿，则很容易出错，导致效率降低。 在工作现场的员工为了能明确掌握现货的情况，还需要目测管理。

必须做的事项全部与整体息息相关。 特别是与顾客的满意度有很大的关联，所以在决定方法时一定要考虑

◎现货管理的对象与目标

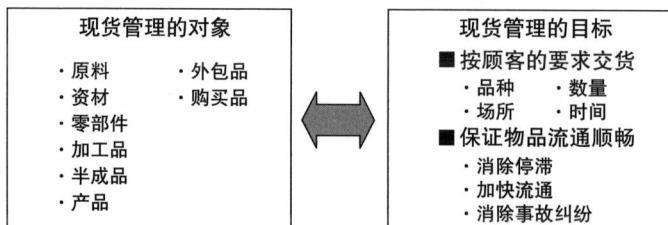

现货管理的对象	现货管理的目标
·原料　·外包品 ·资材　·购买品 ·零部件 ·加工品 ·半成品 ·产品	■按顾客的要求交货 　·品种　·数量 　·场所　·时间 ■保证物品流通顺畅 　·消除停滞 　·加快流通 　·消除事故纠纷

◎现货管理内容的整体关联图

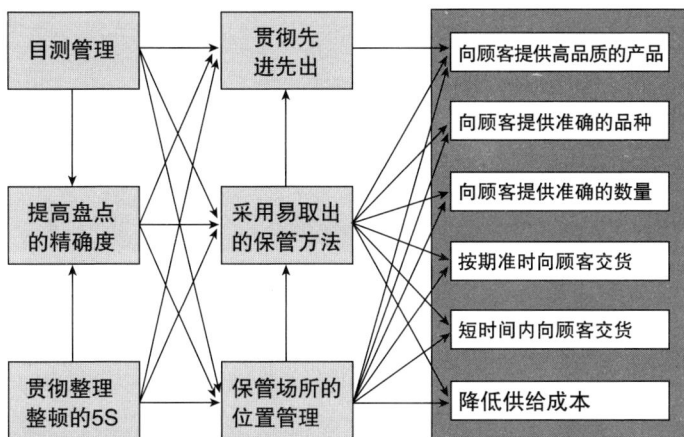

到整体的流程。 在有关现货管理的信息系统内，对于重要物品可以进行仓库位置的管理方式。 由于在很大程度上会左右到发货的品质、交货期以及成本，所以要在考虑到仓库整体的基础上推进管理。

7-2 现货管理的进行方式

▶——现货管理从"物品"的等级划分开始

由于现货管理的管理对象是"物品"，所以必须仔细观察"物品"本身。 下面我们就从两个观点来看一下原料、零部件和产品等。 第一个观点是"物品"的物理特征，物品的大小、重量、容积、形状等并不都是一样的。 如果不将体积大占地面积大的物品与体积小且重量大的物品来区分保管的话，那么在提取现货时就容易发生混乱。 此外，形状细长的物品与幅度长且薄的物品也不能储备在同一个货架上。

第二个观点是"物品"的进货及发货的特性。 如果不根据进货发货的数量、频率和包装样式的区别而改变"物品"的保管方法，则无法高效率地开展作业。 此外，需要大量进货发货的物品和少量进货发货的物品最好也能区分保管。 如果把每天都要发货的物品和一个月未必会发货1次的物品放在同一仓库，则在提取货品时必须将其移动到宽敞的地方。 此外，对于包装样式不同的物品，比如每次都成箱装货的物品与每次零散发货的物品，最好放在不同的场所，这样也更便于拣货作业。

▶——现货管理的关键是保管方法和保管的状态管理

现货管理在"物品"流通过程中，是为了提高顾客的满意度以及提高内部的作业效率而实施的工作。 有的时候，正确掌握企业的资产也是该工作的目的之一。 为了能够准确地进行现货管理，必须采取合理保管"物品"的方法。 重要的是要结合"物品"的特征来考虑保管的场所、保管的方法以及保管的形态。

同时，正确、及时地掌握保管与库存的状况也是现货管理的重要作用，这也与保管方法有着密切的关系。

盘点"物品",除了能够在企业财务上做到正确地掌握资产情况,更重要的是利于指示作业。 实际上还有很多企业都没有按品种不同而正确掌握货品的库存数量。 只是,除了掌握数量,还必须具体掌握这些物品"在哪里",否则也无法开展作业。 可以说,现货管理是库存管理的基本。

◎对"物品"进行等级区分的观点

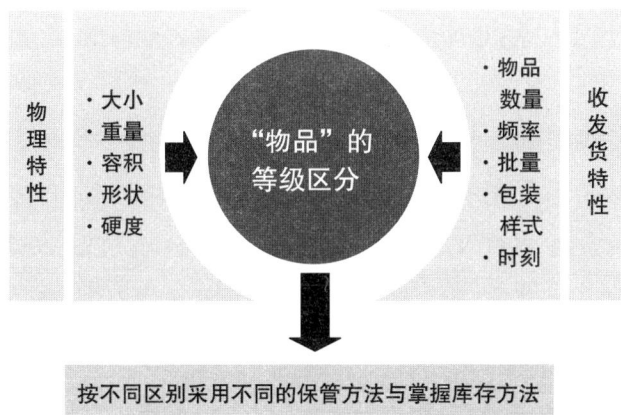

物理特性
·大小
·重量
·容积
·形状
·硬度

"物品"的等级区分

收发货特性
·物品数量
·频率
·批量
·包装样式
·时刻

按不同区别采用不同的保管方法与掌握库存方法

◎"物品"的保管方法与状态把握

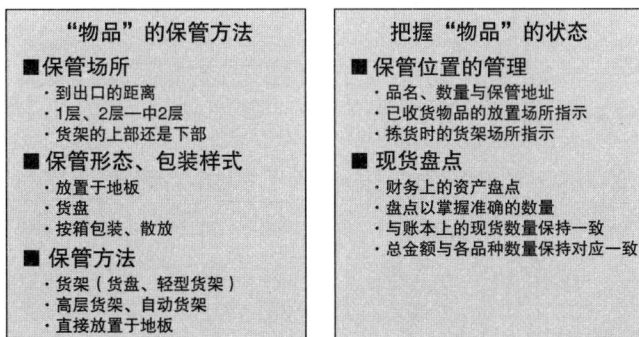

"物品"的保管方法
■保管场所
·到出口的距离
·1层、2层—中2层
·货架的上部还是下部
■保管形态、包装样式
·放置于地板
·货盘
·按箱包装、散放
■保管方法
·货架(货盘、轻型货架)
·高层货架、自动货架
·直接放置于地板

把握"物品"的状态
■保管位置的管理
·品名、数量与保管地址
·已收货物品的放置场所指示
·拣货时的货架场所指示
■现货盘点
·财务上的资产盘点
·盘点以掌握准确的数量
·与账本上的现货数量保持一致
·总金额与各品种数量保持对应一致

7 – 3　保管方法与挑选方法

▶——各种各样的保管方法

根据保管物品的不同，保管方法也不同。 一般来说经常使用的保管机器是货架。 由于在空间效率方面以及作业效率方面比较便利，所以被广泛使用。 直接放置在地上的，适用于大型货物和较重的货物，更为一般的，应该以放在栈板货架或平板车上的状态而放置在地板上。

货架根据各种不同的特征可以分为很多类型，具体的分类如下页图所示。 栈板货架分为很多不同的类型，它们大多是通过叉车使"货物"进出，不过驶入式货架以及驶过式货架由于纵深很长，所以货叉可以深入并穿梭其中。 还有能够实现先进先出的滑移式货架和电动型的。 此外，可动型货架中回旋货架外形小而易于取出，而移动货架在节约空间上发挥了作用。

▶——根据"物品"的特性来选择保管方法

大约在 20 年前左右，自动货架和高层货架风靡一时。 然而如今，在很多公司里那些货架都沦为了放置非流动品或滞留品的物件。 这是因为各个公司都在逐步削减库存，尽量不持有库存。 当然，也有少数公司仍然在巧妙地应用那些货架。 库存今后会有怎么样的变化，除

148

了量的变化外，还必须关注物品的大小以及形状上的变化。

选择保管的方法，要在分析"物品"的物理特性以及进货发货特性的基础上决定。所有的品种不能用同样的方法来保管。体积大小不同的物品理所当然会有所不同。对于数量大小不同的物品，也要根据情况改变保管方法。此外，对于发货频率高的物品要选择易于提取的方法，而对于很少发货的物品要以保管的效率为中心选择保管的机器。

◎ **保管方法的种类**

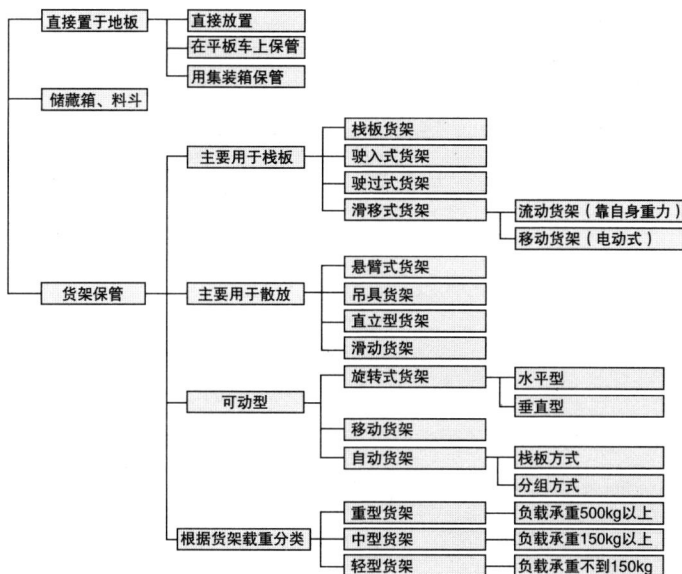

- 直接置于地板
  - 直接放置
  - 在平板车上保管
  - 用集装箱保管
- 储藏箱、料斗
- 货架保管
  - 主要用于栈板
    - 栈板货架
    - 驶入式货架
    - 驶过式货架
    - 滑移式货架
      - 流动货架（靠自身重力）
      - 移动货架（电动式）
  - 主要用于散放
    - 悬臂式货架
    - 吊具货架
    - 直立型货架
    - 滑动货架
  - 可动型
    - 旋转式货架
      - 水平型
      - 垂直型
    - 移动货架
    - 自动货架
      - 栈板方式
      - 分组方式
  - 根据货架载重分类
    - 重型货架：负载承重500kg以上
    - 中型货架：负载承重150kg以上
    - 轻型货架：负载承重不到150kg

发货特性 物理特性		发货量		发货频率	
		大量	少量	多	少
大小	大型	直接放置在栈板上	栈板货架	直接放置在栈板上	栈板货架
	小型	直接放置在BOX栈板上	用轻型货架分散保管	栈板货架	用轻型货架分散保管
重量	大	直接放置在栈板上	重型货架	直接放置在栈板上	直接放置在栈板上
	小	栈板货架	用轻型货架分散保管	栈板货架	用轻型货架分散保管

7-4 保管场所的布置计划

▶——保管场所布置计划的方法

关于布置计划，有一个很有名且非常基本的方法，就是由美国的缪瑟博士提出的 SLP（Systematic Layout Planning 系统布置设计）。 几乎所有的布置计划都以 SLP 为基础。 如果对该方法做一个简单的说明，就是无一遗漏地列举出工厂及仓库所需要的所有功能，然后分析各个功能间的相互关联（如下页图所示）。 先要明确各功能之间是必须要密切连接还是可以分离的，然后根据得出的判断，在图面上明确各个功能之间的关系，再进一步计划各个功能所必需的空间。

布置计划就是要计划"物品"的流程与空间，不能先单纯地讨论诸如"有几个栈板货架，所以需要多少面

150

积"等有关面积的问题。 效率化在很大程度上会受到"物品"流程的影响，所以应该先将"物品"的流程作为重点进行布置计划的探讨和研究。

▶——保管设备的布置计划

保管设备也有多种多样，要配合"物品"的特性来制定计划。 保管设备还要考虑到与搬运机器间的关系。比如栈板货架需要叉车，而根据叉车的规格不同，行走路线的宽度也要做出相应改变。 保管设备要考虑库存量后决定能力，至于是看平均库存还是设想最大库存，是个关键的问题。 如果用平均库存规划可能会导致不足，所以一定要注意。

◎功能间的相互关联分析

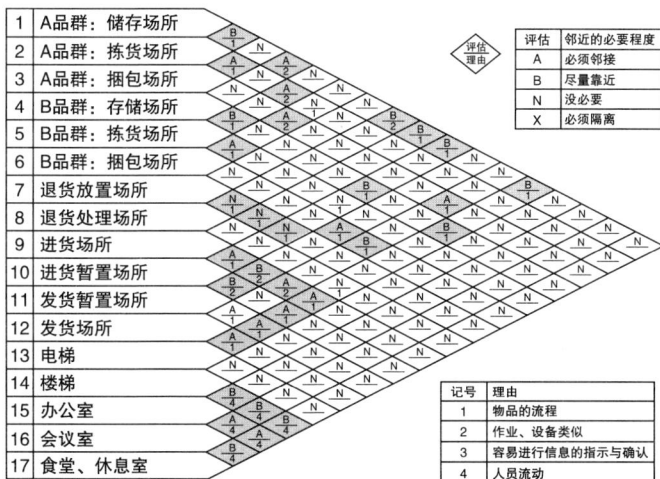

	功能
1	A品群：储存场所
2	A品群：拣货场所
3	A品群：捆包场所
4	B品群：存储场所
5	B品群：拣货场所
6	B品群：捆包场所
7	退货放置场所
8	退货处理场所
9	进货场所
10	进货暂置场所
11	发货暂置场所
12	发货场所
13	电梯
14	楼梯
15	办公室
16	会议室
17	食堂、休息室

评估理由

评估	邻近的必要程度
A	必须邻接
B	尽量靠近
N	没必要
X	必须隔离

记号	理由
1	物品的流程
2	作业、设备类似
3	容易进行信息的指示与确认
4	人员流动

151

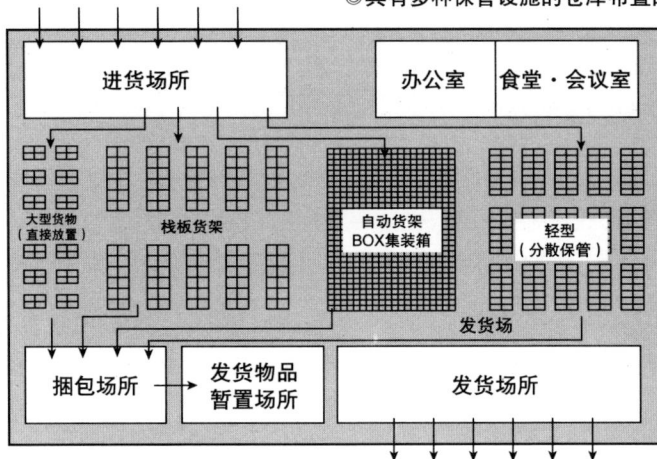

◎具有多种保管设施的仓库布置的例子

关于保管设备及保管方法，基本上只用一种方法解决不了全部的问题。 因为可能会在地面上直接放置栈板，而且也需要用来配置栈板货架的空间。 另外可能还需要一块特定的区域，在轻量货架上配置小物件并进行小规模的拣货。 所以在计划时既要把以上这些必要的场所组合起来，又要保证各个"物品"间的流程不会相互冲撞。

7-5 保管位置的管理

▶——保管位置的管理对于高效率的作业必不可少

所谓保管位置的管理，就是对保管场所分别编排号码，并明确各个场所分别保管什么货品。 通过这项管理，能够确实地进行库存的各个专项管理，并能够顺畅

152

地通往取货的场所，从而提高了作业的效率。

对于保管场所的位置（编号，地址）有两种编排方法。 第一种是固定位置法。 即在固定的场所放置规定的品种。 另一种方法是自由位置法。 这时，在空闲场所自由放置货品，然后在电脑上登记什么地方放置了什么货品。 当要提取货品时则通过电脑检索品种查询放置的位置。 自动仓库（通过在终端机器上输入品种名称，自动地查询位置并提取货品）就是采用了这种方法。 对于没有实现自动化的保管设备，则采用固定位置法，而为了便于进行位置管理，对于所保管的物品，原则上必须全部编上保管位置号码。 此外，还必须定期地检查各个品种上的位置号码的登录状况是否准确。

▶——保管位置与保管品种的关系

在库存品种的保管场所，必须要安排保证在进货发货时有效地、且确实无误地进行作业。 特别是如果发货比进货频率高且规模小而琐碎时，则需要在重视发货的频率上决定保管位置。

为了设定最合理的保管位置，必须要在重视保管场所是否便于提取以及是否便于搬运的同时，对保管品种的发货频率和发货数量进行评估，以此明确好位置与品种之间的关系。 比如设定的放置规则可以是：由于货架的中层易于提取，所以放置发货频率高的货品；靠近出口的位置则放置发货量大或者重量大的物品等。

◎保管位置号码与品种的关系

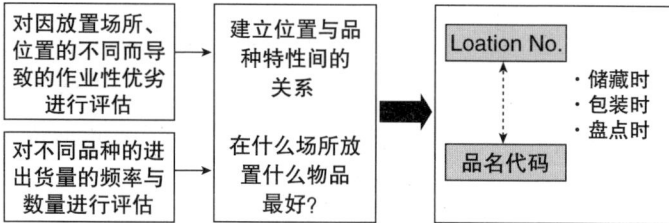

| 对因放置场所、位置的不同而导致的作业性优劣进行评估 | → | 建立位置与品种特性间的关系 | |
| 对不同品种的进出货量的频率与数量进行评估 | → | 在什么场所放置什么物品最好？ | |

Loation No. ↕ 品名代码
· 储藏时
· 包装时
· 盘点时

◎货架位置的决定方法的例子

选出的难易度 ＼ 取出的难易度	货架中层	货架下层	货架上层
离出口近	发货频率：高 发货量/次：中等程度	发货频率：高 发货量/次：多	发货频率：中等程度 发货量/次：中等程度
离出口较近	发货频率：高 发货量/次：较少	发货频率：中等程度 发货量/次：多	发货频率：中等程度 发货量/次：较少
离出口远	发货频率：较低 发货量/次：中等程度	发货频率：较少 发货量/次：多	发货频率：较少 发货量/次：较少

7-6　先进先出

▶——先进先出是对顾客的品质保证

先进先出，顾名思义就是指先放进来的货品要先提取出去。 用英语表示为 FIFO（First In First Out），在产业界通用。 由于先放进来的货品经过了较长的保管时间，所以可能品质会有所恶化。 因此要把先放进来的货品最先提取出去，以保证货品的品质。

"先进先出"特别是在饮食行业，是一项很重要的现货管理项目。 进入仓库越早的食品，其距离保质期到期也就越近。 就算实际不会出现过期变质的问题，顾客们也总是喜欢购买刚生产出的新商品。 所以如果做不到"先进先出"而使得先生产的产品后发货，可能会导致顾客退货而被返回来。 "先进先出"在饮食行业已经成为了一项绝对要遵守的必要条件。

▶——如何切实保证先进先出

在考虑"先进先出"的方法之前，让我们先来考虑减少库存。 "先进先出"就是要从大量货品中，把先进入仓库的货品提取出去。 所以如果大量积压的库存减少了的话，那么"先进先出"也就相应的容易了。 所以首先要从减少库存入手。

其次需要做的是，依照常理按顺序排列"货品"。 如果"货品"都按到货顺序或进货顺序排列整齐，那么提取的时候就会容易很多。 所以在考虑放置方法及放置的货架时，要保证"货品"便于提取。 比如滑移式货架有一定的倾斜度，该货架从背后装货，从前面提取。 仓

155

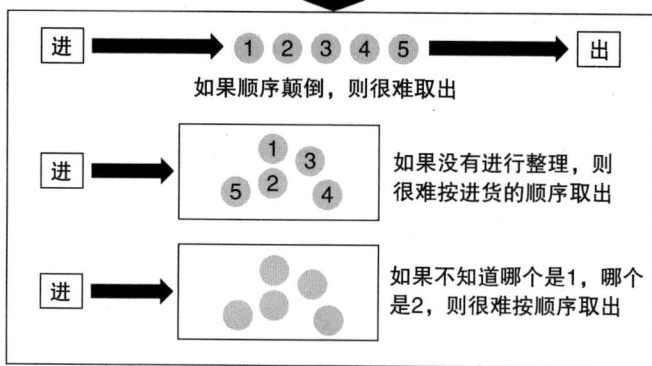

进 ➡ ⑤ ④ ③ ② ① ➡ 出

（保证）按照进货的顺序（1,2,3,4,5）发货

进 ➡ ① ② ③ ④ ⑤ ➡ 出

如果顺序颠倒，则很难取出

进 ➡ ① ③ ⑤ ② ④

如果没有进行整理，则很难按进货的顺序取出

进 ➡

如果不知道哪个是1，哪个是2，则很难按顺序取出

为了实现先进先出，应该做到：
· 明确哪个先出
· 放置时保证易于按顺序取出

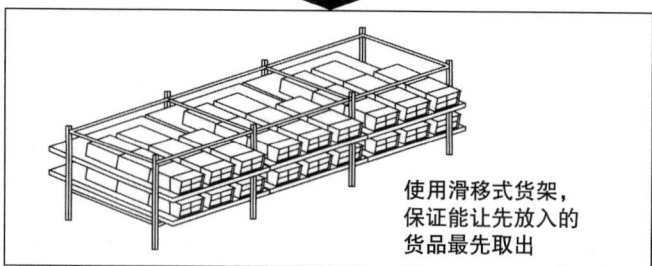

使用滑移式货架，保证能让先放入的货品最先取出

库经常使用的种类是带有倾斜的，能让货品通过自身重量自动地滑到提取一侧来。 对于大型物件或无法放在货

架上的货品，要先对现货标注上日期，这可以是进货日期也可以是制造日期。 当有指示要发货时，就按照日期从早到晚的顺序提取。 如果提前做好了位置管理，就能够明确下达指示应该从哪个场所提取货品。 而如果对于每一项库存品种都标注上日期，就能通过相应的信息做出判断。

7-7 目测管理

▶——目测管理要以人为本

即使进入了 IT 时代，实际进行作业或者下达指示绝大多数还是由人来实现完成的。 人在确认的时候可能会疏忽，在判断的时候可能会失误，在操作或行动时可能会出错。 所以，"目视管理"就是对于上述由人工完成的判断及行动，通过亲眼观察来引起注意，使其采取正确的行动。 这一理念也常用"显现化"来表示。

在工作现场，要设法实现"显现化"，做到任何人都能明白，能立刻明白，在远处也能明白，以及能准确地明白。 一些繁琐的内容是无法轻松弄明白的，所以需要单纯化，简洁地表现出来。 具体说来就是使用数字要胜于文字，使用图表要胜于数字，使用图画要胜于文章。 然后应该将想要传达的内容放大并运用鲜艳的色彩呈现出来，并放置在醒目的位置。

157

▶──显现化是现场能力的表现

在一个工厂中，"显现化"的内容有很多。 因为会不断出现很多与生产设备相关的必做之事。 让我们来分析一下现货管理的情况。 首先应该做一些与现货场所相关的事项，比如决定"货品"的放置位置，规定货品放在规定的场所并表示放置场所的名称；明确表示货架的位置等等。 其次，还需要整理并表示出库存标准以及库存推移的图表。

"显现化"的对象，是那些存在问题的作业以及场所和品种等。 如果不明确具体的问题，也就失去了实现"显现化"的意义。 如果不找出关键的问题，则可能始终疏忽，从而失去重点。 所以必须明确到底什么工作是工作现场的人员必须彻底执行的。 并且，还要在进行"显现化"时照顾到现场员工的情绪。 所以在这种意义上讲，"显现化"是工作现场的改善能力的体现。

◎目测管理的对象与方法的例子

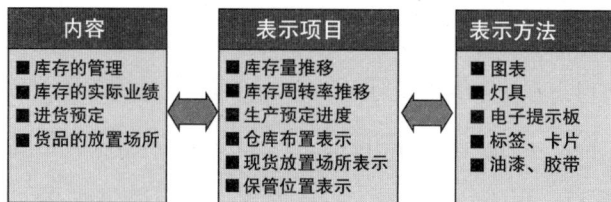

内容	表示项目	表示方法
■库存的管理 ■库存的实际业绩 ■进货预定 ■货品的放置场所	■库存量推移 ■库存周转率推移 ■生产预定进度 ■仓库布置表示 ■现货放置场所表示 ■保管位置表示	■图表 ■灯具 ■电子提示板 ■标签、卡片 ■油漆、胶带

◎目测管理的开展方法

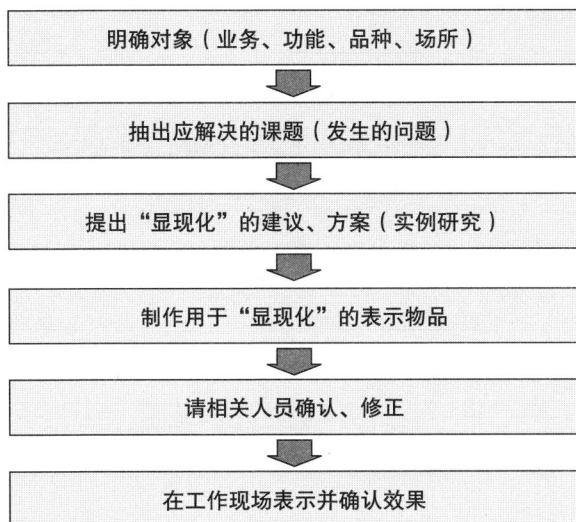

7-8 "5S"原则

▶——"5S"是企业活动的基本

从日语词汇的整理（Seiri）、整顿（Seiton）、清扫（Seisou）、清洁（Seiketsu）、素养（Shitsuke）中分别取它们的开头字母组成了"5S"的概念。该用语已经在各个企业广泛应用。即使在日本之外的国家，也引用此概念并表示为"Five S"。虽然这一用语在平时工作中也会轻易脱口而出，然而作为改善用语，在下页图中有明确的定义。正如人们所说的那样，做不好"5S"的企业，会导致作业环境恶劣，管理监督者存在问题，且缺乏工作的规范以及标准化的能力。

整理	区分需要的与不需要的物品，不用的物品扔掉
整顿	定好放置场所、数量、放置方法，以便能迅速取出所需物品
清扫	清扫个人身边以及职场卫生，确保无垃圾无污物的状态并随时检查
清洁	贯彻实施整理、整顿、清扫活动，维持整洁的状态
素养	保证整理、整顿、清扫、清洁按计划实施，并养成习惯

◎ "5S" 的效果

整理	减少浪费的空间
整顿	提高库存周转率
清扫	能够迅速取出现货
清洁	能安全便捷地移动物品
素养	管理简化

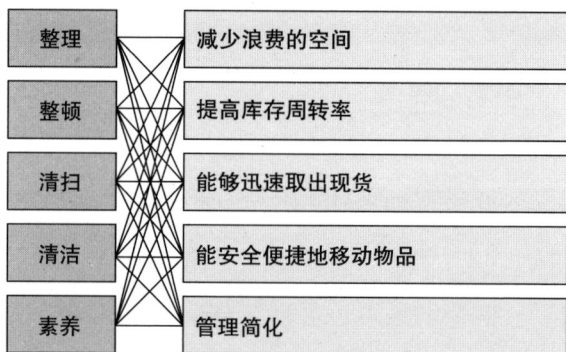

在"5S"中，排在第一位的"整理"对于库存管理和现货管理来说非常重要。区分需要的物品和不用的物品，并扔掉没用的物品，这在一般家庭中也是很难做到的。如果分析库存周转率，就能够马上明白库存堆积的

160

众多物品中没有用的是哪些。 然后还可以通过"红牌废弃作战"的方式，首先将所有的物品都贴上表示要废弃的红牌，如果其中物品被用掉了一部分，就揭掉红牌，然后再把一直以红牌形式积压的物品清理掉。

▶——持续执行才能实现"5S"

实现"5S"，就是要把日常中看似简单的事情认真地落实好。 那么在这里为什么要强调它的持续性呢？这是因为实际没有完成好的事情还有很多。 这可能是因为虽然我们认为自己在头脑中已经理解了，然而其实我们并没有真正理解整理、整顿、清扫的好处，所以才没有形成固定的素养。 管理者本身首先要彻底贯彻"5S"，同时要让上层领导下达指示。 我们首先要明确每个职场，每个场所，每个小组，每个个人所必须做的事情。

"5S"在现货管理之中，是最基本，也是最需要贯彻的重要事项。 如果一个仓库没有实行整理与整顿，则货品无法流畅地被提取出去，而且会在物品处理上花费大量的时间，并额外占用大量的库存空间。 此外，清洁可以维持整理、整顿、清扫后的状态，同时要进行核查。 与标准进行比较都包括在库存核查的事项当中。最后，素养指的是将此状态作为良好习惯长期贯彻并维持。

161

7-9 现货盘点的方法

▶——现货盘点的 2 个目的

现货盘点就是清点实际现货的数量与金额。 由于现货的单价是已知的，所以只要掌握了数量，就能够计算出金额。 通常在企业中，账本上会减去货品的出入，而掌握余额。 但是，实际中也会出现有的物品其现货的数量与账本上的数量不一致的情况。 如果在现货发货时搞错了票据上的数据，或者发生随便拿走现货等情况，就会导致现货数量与账本上的数据出现差异。

如果不正确掌握现货的情况，就无法正确计算资产，而对于财务会计来说正确地掌握资产是一项必要的条件。 另一方面，如果在实际的业务中没有正确地把握库存数量，那么可能会导致无法按约定向顾客发货或者在需要紧急发货时变成措手不及。 如果原料或零部件的现货数量不准确，可能会导致现场生产停滞或产生大量的浪费。 所以正确地把握现货，无论在财务上还是实际中都是绝对必须的。

▶——提高现货盘点的精确度要靠平日的积累

财务上的现货盘点，一般在 1 年或半年进行 1 次，这并不代表几个月内现货的数量就能够与账本上的完全吻合。 所以对于经常发货的物品，最好能够每个月检查

1次是否与账本一致。 所谓的循环盘点，就是根据不同
的品种规定不同的盘点周期，在日常就清点库存数量的
方法。

◎盘点现货的目的与盘点周期

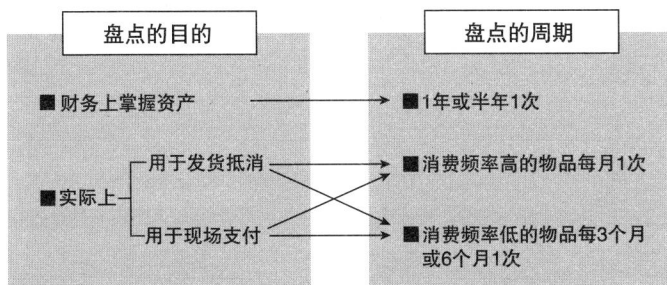

盘点的目的	盘点的周期
■财务上掌握资产	■1年或半年1次
■实际上—用于发货抵消	■消费频率高的物品每月1次
—用于现场支付	■消费频率低的物品每3个月或6个月1次

◎正确进行现货盘点的要点

1. 平日起就进行循环盘点（对于经常发货的物品规定好盘点周期）
2. 灵活利用盘点后的账本与现货数量的比较表（盘点时记录账本的品种与数量）
3. 对于没有变动的物品在现货上贴识别标签
4. 容易搞混的物品贴上警示的标签
5. 根据物品的颜色和尺寸灵活采取放置方法（研究每个品种是否可以按颜色、尺寸归类）

对于现货与账本的数量差异，在财务上是通过总金额来评估的。 如果总金额出现了1%以上的差异，就说明发生了重大问题。 而在实际中，总金额不是问题，各

个品种的差异才是问题。 如果在盘点时数量完全吻合的品种比例不到90%，则在实际业务中就会出现麻烦。 为了消除现货与账本之间的数量差异，必须研究现货的搁置方法、表示方法，让作业员工多加注意，以及做好事后的检查工作等等。

第 8 章
库存与信息系统

8–1 库存管理与信息

▶——库存管理的信息

在之前的章节已经讲到，库存管理就是管理"进"、"出"以及"剩余"的库存，而管理库存所用到的信息，也与此密切相关。关于信息的内容，有品种、场所信息、数量以及金额信息，还有月末、每日信息等等。而计划和实际业绩的信息又与这些信息密切相关。另一方面，从相关部门分析信息，则有物流部门的保管、发货信息，生产部门的生产、未完工、完成信息，向物资供应商订货、进货信息以及与顾客间的接单、发货、库存信息等等。

由此可见，各种各样的信息都与库存管理相关联。因此，库存管理信息必须定位成企业的基干系统。这些信息必须得到整备，能够切实得到更新，并且需要具有较高的准确度且便于使用。

▶——库存管理与 IT 技术

如今在整个社会掀起了一阵 IT 的热潮。 IT 技术以惊人的速度不断进步，而且也出现了很多与库存管理相关的电脑软件。 现在已经有很多企业已经将其作为 ERP（Enterprise Resource Planning——企业资源计划系统）的主要项目开始使用。 并且包括库存管理在内的仓库管理系统 WMS（Warehouse Management System）也有很多种类。 此外很多单独的库存管理系统也应用于各种不同的仓库。 面对大量不同的品种，每天都要进行"进"与"出"的处理，所以使用电脑进行管理也就变得理所当然了。

关于现货管理，一直以来都采取在现货上贴条形码识别的方式，不过最近有的企业也开始研究如何导入使用 IC 标签和 RFID（Radio Frequency Identification——射频识别）了。 这些信息会传达到相关部门，而各部门会在确认后做出相应的指示。 理所当然，信息的传达方法成了关键问题，需要在各个相关部门间形成信息网络。现在，随着通信技术的高速化，整体系统也一步步得到了实现。

◎库存管理相关信息的种类

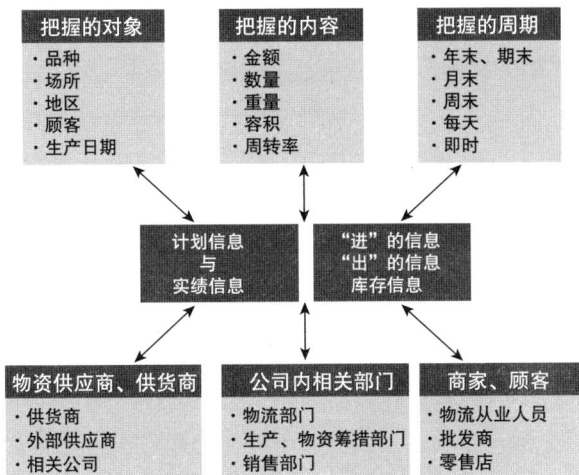

把握的对象	把握的内容	把握的周期
·品种 ·场所 ·地区 ·顾客 ·生产日期	·金额 ·数量 ·重量 ·容积 ·周转率	·年末、期末 ·月末 ·周末 ·每天 ·即时

计划信息
与
实绩信息

"进"的信息
"出"的信息
库存信息

物资供应商、供货商	公司内相关部门	商家、顾客
·供货商 ·外部供应商 ·相关公司	·物流部门 ·生产、物资筹措部门 ·销售部门	·物流从业人员 ·批发商 ·零售店

◎信息的特性与信息技术

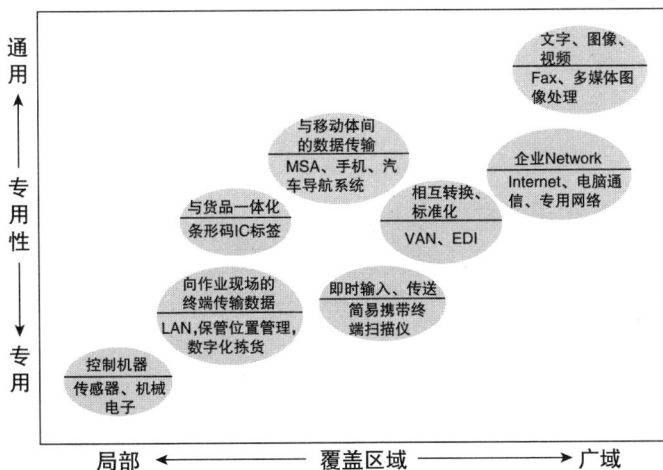

通用 ↑ 专用性 ↓ 专用

文字、图像、视频 Fax、多媒体图像处理

企业Network Internet、电脑通信、专用网络

与移动体间的数据传输 MSA、手机、汽车导航系统

相互转换、标准化 VAN、EDI

与货品一体化 条形码IC标签

向作业现场的终端传输数据 LAN,保管位置管理,数字化拣货

即时输入、传送 简易携带终端扫描仪

控制机器 传感器、机械 电子

局部 ←— 覆盖区域 —→ 广域

167

8-2　企业经营与信息系统

▶——从操作到企业盈亏间的信息联系

经营企业的最终目的是"提高企业利润"。虽然提高利润的业务运营方式根据企业的不同而多种多样，但都必须确实地掌握业务、作业等各部门的实际活动的信息。比如生产、物资筹措活动及销售活动的基本数据均包括在内。这些数据被收集并加工后，就变成了销售额、成本、库存信息。将这些信息再按照业务单位或商品单位分析，就可以称为经营信息。

关于这些信息，都有计划与实际业绩的数据。而且，根据计划与实际的偏差研究解决方案并作出指示的信息也同时会息息相关。此外，由于企业活动是面向顾客和市场的行动，所以会有关于顾客及市场的数据，需要将其加工后用于不久后的活动。这些数据，以及根据不同的目的而进行汇总和加工的信息，它们之间存在着紧密的联系。

▶——为今后的活动而加工数据

数据表现了操作的状态，无论经过加工也好，保持初始状态也好，只要有目的地提取出来就成为了信息。如果再进一步进行加工和累积，就成为了知识（Knowledge）和技能（Know-how）。可以利用这些为将来的行

168

动作出计划，而且在制定改善与改革方案时也必不可少。 人们可能以为要解决问题只要拿出点子就可以了，但实际上好的点子是在收集信息并深入检讨的基础上得来的。

◎企业经营与信息

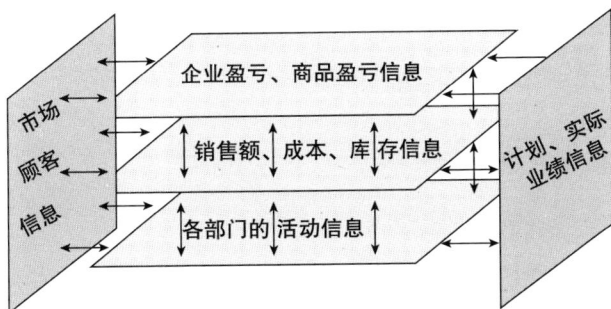

◎信息的进化

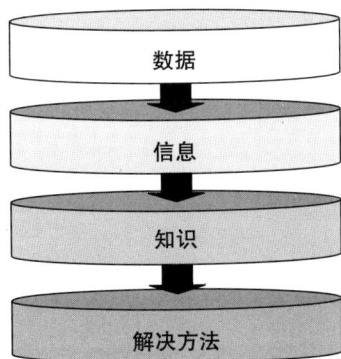

库存信息对于企业的经营来说是非常重要的信息。

169

在生产与销售活动中，库存信息处于核心地位，是所有信息的关键要素。正因为如此，库存信息要保证准确，最快更新，且易于使用。此外，在成本信息中，库存也会产生很大影响，因为生产成本的基础就是包括库存在内的生产数量。需要准确地对成本数据进行判断，并多角度地观察和建立课题。这需要我们自己下工夫，培养我们自己独有的视点，并应用到课题解决上去。

8-3 新产品的销售与库存信息

▶──新产品的生产、销售、库存计划

在现今的时代，无论在什么领域，产品都在不断地推陈出新，而人们也更容易接受新事物。同一类商品也会有很多品种，而且刚刚发售的商品也会马上降价清仓，或者充斥在二手货市场。对于生产厂家的开发部门来说这也许是相当辛苦的，然而处于竞争之中，只能不得已而为之。

关于新产品的销售计划，如果不准确地制定生产与库存计划，则无法保证销售计划的顺利开展。每个公司对自己的新产品上市都是充满了期望的，所以需要有绵密周全的计划。对于从什么时期开始制造，库存持有到什么时候，以及持有多少库存等必须进行详细的计划。当商品的生命周期较短时，则需要看着销售计划来制定

生产计划，这样才不至于形成库存积压。 需要预想商品
的市场寿命，以月份为单位制定寿命期内的生产、销
售、库存计划。 此外，如果能以累计数据把握销售及生
产数量，那么也会便于掌握库存的状况。

▶——掌握库存信息关键在于要及时

企业销售一件新产品，有时会进行大规模的广告宣
传得到市场的认知，然后一下子销售出去来推广普及。

◎新产品销售与库存信息

以月份为单位的数量

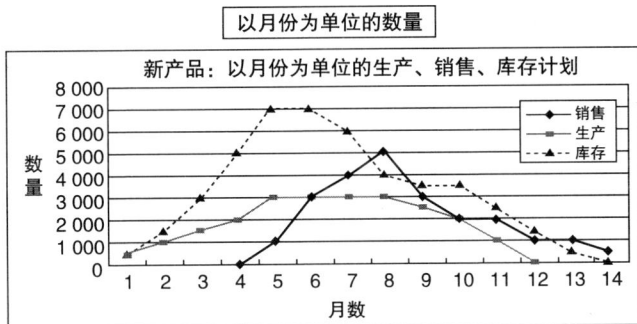

新产品：以月份为单位的生产、销售、库存计划

月累计数量

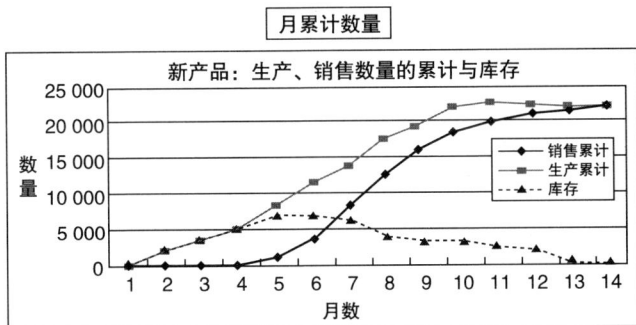

新产品：生产、销售数量的累计与库存

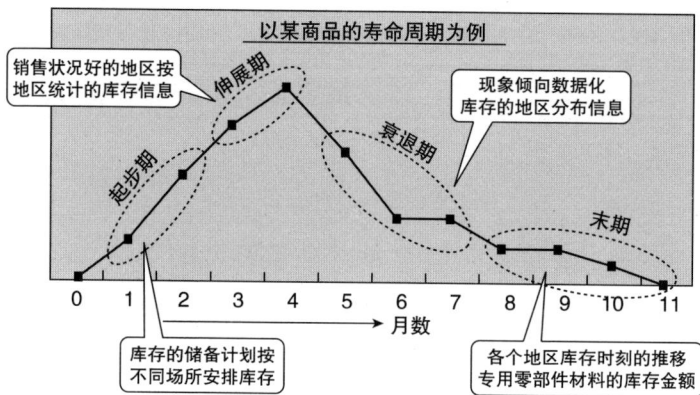

◎商品的寿命周期与库存信息

以某商品的寿命周期为例

销售状况好的地区按地区统计的库存信息

伸展期

现象倾向数据化库存的地区分布信息

起步期

衰退期

末期

库存的储备计划按不同场所安排库存

各个地区库存时刻的推移专用零部件材料的库存金额

0　1　2　3　4　5　6　7　8　9　10　11　月数

商品会配置到必要的地区，在发售日当天一起发货。 这一期间，生产及物资筹措部门会拼命保证商品的供给，而销售部门也会全力保证一件商品也不会少。 这时就需要时刻能够提供库存信息，而该信息也是获取销售额的关键。

当商品的市场寿命进入末期时，销售会减少，而库存也经常会积压很多，所以在销售呈下降趋势时需要格外注意，此时库存也呈现出增加的倾向。 虽然销售部门出于"要尽量多卖"的责任感而往往迟迟不发出信息，但库存信息是不能有水分的。 能够迅速反映到生产计划上的正是库存信息，所以需要把握包括专用零部件等在内的库存数量，对取舍做出准确的判断。

172

8-4 物资筹措、生产、销售计划与库存信息系统

▶──生产流程中的库存信息

制造行业在销售、生产计划、物资筹措、生产、交货的流程中，库存信息总是处于中心的位置。如前所述，如果不掌握现在的库存数量，就无法制定产销存计划。除了现在的库存，如果在今后需要储备新产品的话，还需要制定策略性的库存计划。

提到库存，并非只要掌握好本公司内部的库存就万事大吉了，还需要掌握顾客的库存以及流通过程中的库存。虽然掌握起来有一定难度，但如果行动的时候不考虑这些，就容易出现问题。此外，除了要掌握产品库存，对于材料库存及零部件库存等，如果能够知道供货商或销售商手中所持有的数量，就能够实现生产计划的迅速变更，而且不会在这一过程中产生浪费。对于公司内外部的库存信息，首先需要掌握与现在库存相关的信息，除此之外，有时还需要预测今后的库存状况。该预测的信息，如果之前做好了生产及购买的准备，则基本会按照预测数量进货，所以掌握的难度并不大，但是这一信息在生产管理上以及接单咨询上都十分重要。

173

▶──生产流程计划中所需的库存信息

现在来列举一下物资筹措及生产的计划中的库存信息需要的条件。 首先，如果用于计划的数据本身不准确，那么计划也不可能做得周密。 通过提高库存盘点的精确度以及每天认真地处理和记录，可以维持准确度。不过如果掌握信息的时期与使用信息的时期相距太远，则情况就会发生改变，所以库存信息应该尽量实时地掌握。

生产及物资筹措的计划，最终是为了保证供给以满足顾客的需要。 因此，对于生产过程及准备过程中什么物品有多少等信息，要能够做到完全掌握。 如今已经有很多仓库能够满足这样的条件。

◎物资筹措、生产、销售流程与库存信息

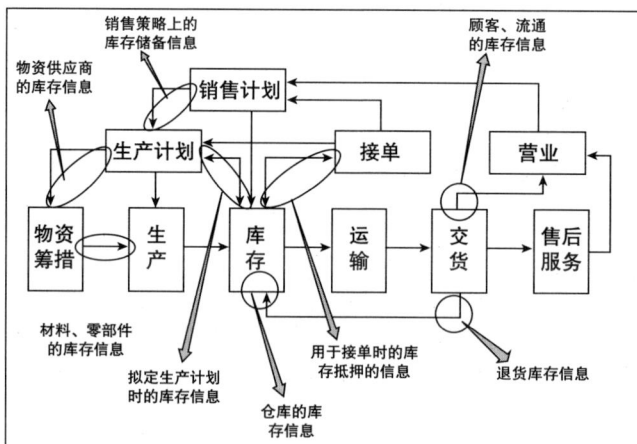

174

◎库存信息应具备的条件

1. 信息准确

2. 信息及时

3. 明确在什么位置

4. 能够掌握通过的场所以及流程的数量

5. 数据按照不同问题区分开来

6. 按易于应用的顺序排列

7. 信息能够与计划进行比较

8 – 5　现货的附加信息

▶——现场的现货要做到一目了然

　　虽然我们能够通过计划表或进度表等掌握不同货品的状况，然而现货则会转移到下一道工序或其他场所，当然还有可能由人工通过叉车或平板车来搬运。 这时候首先应该准确无误地找出哪一种商品是应该移动的，至于"在哪里"，我们在一下条中进行说明，这里首先来看如何给物品添加便于识别的信息。

　　有一种方法是在物品上贴上一种叫做"现货单"的标牌或标签，除了品名外还要记录作业预定日与作业工序等。 也有的时候这些标签首先由现场的管理部门准备好，在上面记录好标准作业时间等。 这种标签是为了明确表示该物品的状况的，同时此"现货单"是为了操作

175

人员以及管理者在看到物品后有所行动的，不过在采取了行动后，也要准确地将作业日期、负责人、时间等记录在上面。 并且还要把握进度，或对数量进行相应的抵消，或掌握作业天数等等。 也需要将现货以及与之相关的实际信息登录上去。

▶——为现货贴条形码

即使贴上了现货单，在登录实际状况，即记录品名及数量时，有可能出现差错。 日常的管理中经常会发生此类案例，虽然想在之后处理，但由于忘记了哪里出错，所以数量无法统一。

因此最好为现货贴上条形码。 在现货单的品名栏内贴条形码也是一种做法，条形码可以通过读码器来扫

◎现货单的例子

○○工厂		现货单		票据No. XXXXXXXX 发放日		
编号No.		品名				‖‖‖‖ 1 2 3 4
顺序	工序、机械	预订日	实际日	标准时间	备注	

描，能够准确而迅速地输入。

条形码有 JAN 码、ITF 码等种类。 JAN 要比 JIS 更规格化，所以应用在了很多商品上。 而 ITF 则作为物流的标准码被应用。 此外，最近人们也越来越多地开始应用二维条形码及 IC 标签。 如今在各个领域，都对现货添加信息，能够准确无误地识别并处理货品。

◎条形码与 IC 标签的比较

	条形码	二维条形码	IC 标签
单价	便宜	便宜	高价
读码器价格	便宜	普通	高价
数据量	少量	中量	大量
数据量记入	只在制作时	只在制作时	可以在必要时
读取多个	不可以	不可以	可以
读取距离	很近距离	很近距离	可拉开距离
防水性	弱	弱	强

8−6 保管场所的相关信息

▶——仓库的保管信息

仓库的保管内容的信息，最基本的是品名、数量、库存金额。 当同一品名因为进货时期不同而发生单价不同时，关于如何计算库存金额，需要稍微复杂的计算方法。先撇开该单价的问题不谈，为了更好地管理库存，除了品名、数量、金额之外还必须加上一项必要的信息，这就是"库存周转率"，或称为"库存天数（月数）"。这要通过库存数量与销售数量进行计算，处理起来相对麻烦，然而在对库存进行评估时，库存周转率是绝对不可缺少的。

当有多个仓库或物流中心，同一品种分散在各个地点时，需要掌握该品种在各个场所各有多少数量。这一信息可以应用到仓库间移动，即需要转用库存的时候。必须要掌握好以仓库为单位而统计的库存信息和以品名为单位而统计的库存信息，以便在必要的时候无论需要哪一种都能迅速地调出来。当然，库存周转率也需要分别按库存不同和品名不同来掌握。

▶──灵活运用保管位置的信息

仓库中的保管场所的位置就是"物品"的地址。就像住房一样，需要掌握该地址有什么。一个保管位置只有与放在其中的"物品"，或想要放在其中的"物品"相关联，才会产生价值。如果知道了该"物品"是什么，也就能相关地掌握数量、金额、库存周转率。如果不以保管位置的方式指示出库存放在仓库的哪里，就会因为找"物品"而花费大量时间。所以要想实现仓库作业的高效化，保管位置的信息是必不可少的。

178

◎仓库保管信息的种类的例子

各仓库库存金额								
品名 \ 仓库	A	B	C	D	E	F	G	合计

各仓库库存数量								
品名 \ 仓库	A	B	C	D	E	F	G	合计
			不同品名的各仓库的库存数量					
			不同库存的库存品种					

◎保管位置与相关信息

保管位置会很大程度上影响到拣货作业的效率，所以必须定期地检查给每个位置分配的品种是否合理。 为此，就需要把每一个位置的发货次数、拣货次数、操作次数记录到电脑里，作为必要的信息来检查诸如频繁发

179

货的物品是否放在了便利的位置上等事项。

8 - 7　与物资供应商之间的信息网

▶──与供给伙伴实现网络化

物资供应商将商品或材料、零部件供给订货方，其所从事的活动最终是满足顾客的需求。　所以对于订货方来说，与物资供应商之间的一连串流程必须流畅地进行。　为此，订货方与物资供应商必须建立信息交流的网络，来自订货方的信息，以及来自物资供应商的信息，必须双方向地交流。

订货方大多数情况下会定期地交出订货信息，但在思想上应该做好随时都能提交的准备。　因为除了正式的订货之外，对于订货预定、公司内部的信息以及必要的时间，都要先考虑到并提交出来。　同时物资供应商也需要传达实际的进货信息，整体的进货状况，交货期的预计状况等。

▶──正确了解物资供应商进行信息交流

一般来说，一个制造商的物资供应商会有很多，几十家公司是正常的，而有的时候甚至达到几百家的情况。　至于物资供应商的规模，有可能是比订货方要大的公司，也可能是乡镇工厂级别的。　就算不与物资供应商

180

以 EDI（Electric Data Interchange， 电子数据交换）的形式连接，在网络上也能够实时地交换信息。 但是对于需要详细确认进度或需要提前开会商讨的，还是应该有针对性地选出几家重要的合作伙伴。

◎与物资供应商间的信息交换

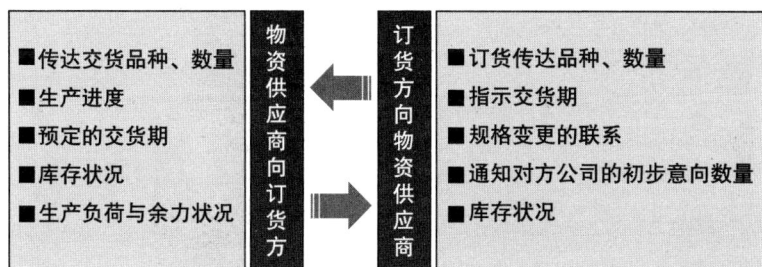

物资供应商向订货方		订货方向物资供应商	
■传达交货品种、数量 ■生产进度 ■预定的交货期 ■库存状况 ■生产负荷与余力状况		■订货传达品种、数量 ■指示交货期 ■规格变更的联系 ■通知对方公司的初步意向数量 ■库存状况	

◎与资源供应商间的信息网的重点

1. 明确连接信息网络的重点对象
2. 双方互相提前交换信息
3. 根据信息采取行动并实现得到对方的理解
4. 勤于向对方传达进度状况
5. 对比计划经常做出评估
6. 正确传达自己公司的库存状况

信息的作用就是为了促进相关的行动。 如果不能让对方清楚地理解信息要传达的意图，信息也只会变得左耳朵进右耳朵出。 至于能让对方理解到什么程度，就完全需要我方的热忱。 对于重要的合作伙伴来说，需要坚持不懈地进行说明。 在与物资供应商进行信息交流时，我方最关心的就是订货品的交货状况，该信息应该与计划对比进行评估。 此外，我方的库存信息也应该不掩饰地告诉对方。 要想在相互之间进行准确的信息交流，信任关系是出发点。

8-8　与物流单位之间的信息网

▶——为了用信息控制商品

为了将商品送到顾客手中，必然会产生物流业务。这种物流业务要使用仓库及车辆等，同时作业的性质和时间带也与制造商或零售行业不同，所以一般来说要委托给专门的从业单位。 所委托的从业单位既有大型的综合物流公司，也有本地的仓库业者或运输业者。

大型的物流公司构筑了信息网络，他们会建议委托人使用他们的系统。 有的公司的全国网络信息系统已经做得非常细致，甚至还能与委托人的信息系统连接起来。 虽然掌握仓库的库存情况比较容易，但是一般来说要处理与运输相关的信息，在大多数情况下如果不加入到运输业者的信息系统中，就很有可能无法顺利进行。而且对于货物的追踪系统等，如果委托人想在自己公司进行，那么既会花费很高的成本，而且运营也不会顺利。 所以，俗话说"有了金刚钻才敢揽瓷器活"，这也同样适用于物流行业。

▶——信息网要在与物流单位的合作中构建

物流单位有各种不同的等级，即使是一些大型物流公司，也可以看到某些部分中出现低效率的作业。 委托人在其建立信息网络前，应该充分地核查物流的现场，掌握现货的处理方法、仓库内搬运的方法、保管场所的决定方法、拣货的方法、捆包作业的方法、运输路线的分配方法、卡车在厂房等待的状况以及装货时间等等。并且，在构建信息系统前，应该针对现货管理、保管方法、作业方法及输送等认真研究是否能做出改善。

另一方面，物流单位也会对委托人提出很多希望，比如这么做就能更准确地执行或更节约经费等等，对于这些意见也要虚心听取。 对于接单的截止时间或紧急接单等问题，无论是什么公司，都是委托人需要努力解决的课题。 对于物流单位一条龙地实现保管、作业和运

◎**物流流程与信息的内容**

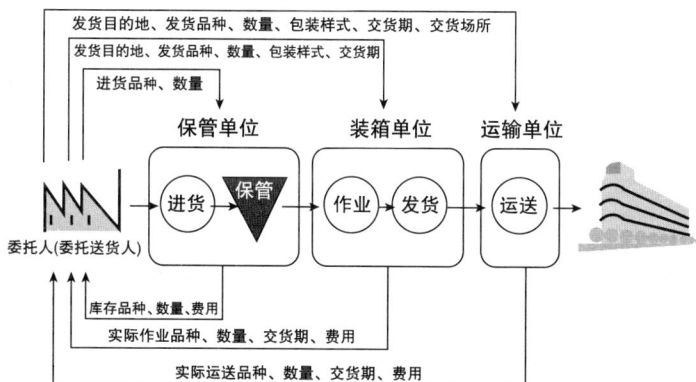

发货目的地、发货品种、数量、包装样式、交货期、交货场所
发货目的地、发货品种、数量、包装样式、交货期
进货品种、数量

保管单位　　装箱单位　　运输单位

进货　保管　　作业　发货　　运送

委托人(委托送货人)

库存品种、数量、费用
实际作业品种、数量、交货期、费用
实际运送品种、数量、交货期、费用

输，委托方需要研究委托给物流单位的方式并制定出可以简洁地掌握物品的流向和信息的对策，这是非常重要的。

◎与物流单位构建网路化的课题

1. 委托给能够进行一条龙物流作业的单位
2. 虚心听取对方要求的条件
3. 支持对方对作业和系统进行改善
4. 到保管、作业、运输现场做实际检查
5. 明确地决定标准
6. 添加条形码或 IC 标签，提高信息的准确度

8–9 与客户之间的信息网

▶——只有与客户建立信息网才能生存

每个公司根据自己的企业形态，行业种类以及商品种类的不同，各自拥有不同的客户。 所以顾客是大型汽车制造商或超市的情况下，信息网络的形式也是截然不同的。 另一方面，双方都是制造商，或分别为制造业与批发商，制造业与零售店，或者批发商与零售店的情况下，信息系统的主要部分也会有很大的差别。 当顾客是消费者个人的线上销售或上门销售时，因特网就成了与顾客之间的信息系统。

如果与顾客建立了信息网络系统，就会通过该系统

进行交易。 由于不进入该系统就无法进行交易，所以该系统的作用也就不再单纯是为了提高工作效率。 要想与顾客有密切的联系，该网络将变得不可或缺。 另一方面，有可能会因此而牺牲掉其他的顾客。 所以如何对风险作出判断，是整个公司需要研究探讨的项目。

▶──与顾客建立信息网的基本是要共享库存信息

与顾客建立信息网络，就是要进行非常微小细密的互动。 来自客人的订单，也会变得密集起来，并且还会要求我方短期内就能交货。 而且还经常会附加上指定时间和指定交货场所等要求。 这些严格的条件，是互相建立了信息网络的企业之间必须执行的，因为交易就是在建立信息网络的情况下并且持续推动商务活动中完

◎企业情况的种类、与顾客间信息往来的形式

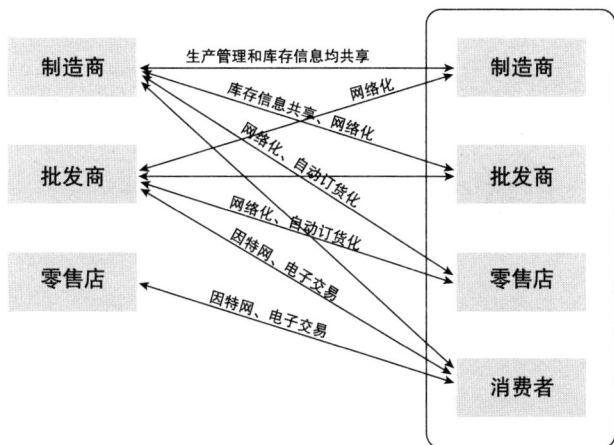

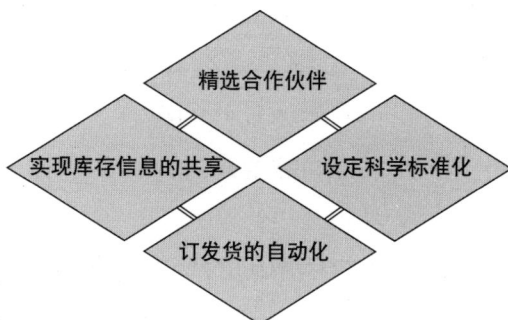

成的。

在提供"物品"时，如果知道对方的状况，双方就能互相做出相应的判断。 在这种意义上，双方应该就库存状况以明确的信息系统实现可视化，并共享信息。 由于所订货的物品是以该库存信息为基础发货的，所以这是最重要的信息。 至于自动发货则通过解析过去的数据并在统计上处理，设定一个标准来运用。 自动发货系统如果没有网络，是不可能实现的。

8－10　EOS 系统

▶——多品种数量少的商品应采用自动化的订货方式

企业之间的交易，最近多采用小批量以及密集的订货方式。 由于现在已经是多品种时代，所以很难进行预测，于是很多企业采取的都是销售掉多少就补充多少的方式。 因为如果不这么做而在预测上出现失误的话，可能会造成商品的积压。 当然，有时也会将数量大的物品一次性投放到市场中去。 像那些因为优惠而摆在超市里的快餐食品等，都是根据计划来销售的，而制造商一般也为此而有计划地生产。 需要实行库存补充方式的品种，要以流动着的物品、在市场中还有消费余地的物品以及固定基本种类的物品为中心，希望大家切记这一点。

库存补充方式在库存管理方式中一般采用"订货时间点法"，这交给电脑自动处理。 EOS（Electronic Ordering System，电子订货系统）在某种意义上来讲是较简单的系统。 正因为简单，所以应该设定科学的标准。

▶——EOS 的标准设定和何谓成功的订货系统

在 EOS 中所使用的标准种类，与"订货时间点法"的情况是相同的。 需要掌握物资筹措周期、平均需求量和需求量的偏差，决定出能够将断货率控制在什么范围内，然后得出安全库存，再以安全库存为基础决定订货时间点。 此外，还必须设定并登录订货量（参考第 4章）。

关于 EOS 的最基本的步骤如下页图所示。 该 EOS是否能运行良好，取决于标准是否设定得良好合理。 此

◎EOS系统的订货处理的概要

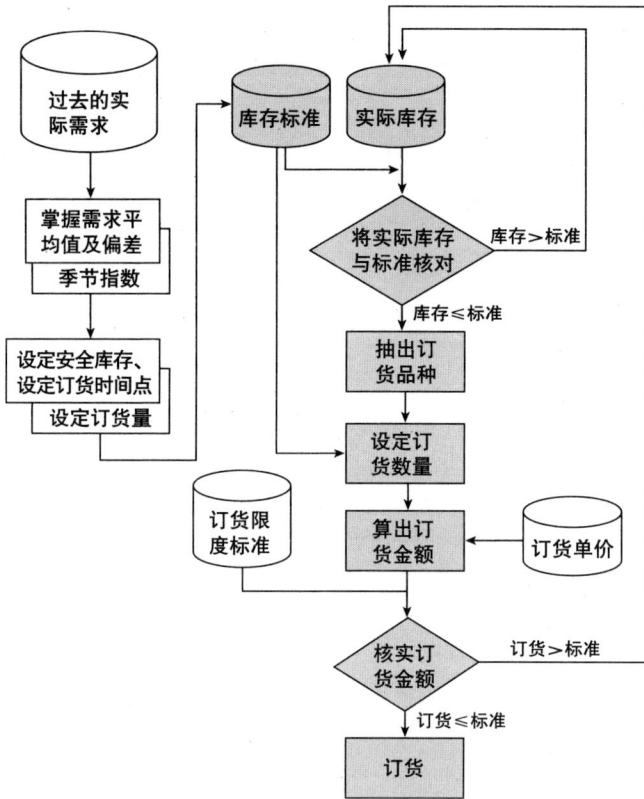

```
┌─────────┐        ┌────────┐  ┌────────┐
│ 过去的实 │        │ 库存标准 │  │ 实际库存 │
│  际需求  │        └────────┘  └────────┘
└─────────┘              │           │
     │                   │           │
     ▼                   │           ▼
┌─────────┐              │     ◇──────────◇
│ 掌握需求平│              │    ╱ 将实际库存  ╲   库存＞标准
│ 均值及偏差│              │    ╲ 与标准核对  ╱
│ 季节指数 │              │     ◇──────────◇
└─────────┘              │           │ 库存≤标准
     │                   │           ▼
┌─────────┐              │     ┌────────┐
│设定安全库存、│             │     │ 抽出订  │
│设定订货时间点│             │     │ 货品种  │
│ 设定订货量 │              │     └────────┘
└─────────┘              │           │
     │                   │           ▼
     │              ┌────────┐ ┌────────┐
     │              │ 订货限  │ │ 设定订  │
     │              │ 度标准  │ │ 货数量  │
     │              └────────┘ └────────┘
     │                   │           │
     │                   │           ▼          ┌────────┐
     │                   │     ┌────────┐       │ 订货单价 │
     │                   │     │ 算出订  │ ◄──── └────────┘
     │                   │     │ 货金额  │
     │                   │     └────────┘
     │                   │           │
     │                   │           ▼
     │                   │     ◇──────────◇
     │                   │    ╱  核实订    ╲   订货＞标准
     │                   │    ╲  货金额    ╱
     │                   │     ◇──────────◇
     │                               │ 订货≤标准
     │                               ▼
     │                         ┌────────┐
     │                         │  订货   │
     │                         └────────┘
```

外，运行时库存信息是否准确也是一个重要的前提条件。 即使该系统能够自动地进行正确的运算，但如果作为基础的现在库存量一开始就搞错了，订货就会相应地出错。 可能会造成订货不及时或订货过多的情况。 关于现货管理的重要程度，在前面已经阐述过了，同样的，电脑系统作为确立基本，仍然是首要、第一位的。

188

8–11 信息系统的管理与维护

▶——信息系统如果不更新则会马上失效

现在信息处理的技术已经得到了大幅度的提升，我们也通过利用信息系统得到了巨大的利益。 同时各个企业也通过实现了电脑化而在各方面进行着高效率的处理工作。 现今利用信息系统仿佛已经再正常不过了，但实际上仍然存在着不好用的信息系统。 笔者时常会看到一些公司在运行系统时，明明实际的需求已发生了很大的变化，但是却不更新标准，随后又以问题太多为理由不再使用。

这就好像对车进行整备一样，如果不经常定期检查，并把有问题的部件换成新的，就会在实际驾驶时发生故障。 至于信息系统，经常是委托给外面的公司制作，而外部制作的系统虽然可以通过使用手册或者规格表掌握，但实际应用中在每次修改时不会连使用手册一起更新，所以很多时候会发现使用手册与实际情况不一致。 这仍然是现存的一项重大问题。

▶——通过分析现状掌握系统维护的内容

信息系统出现的问题，并不是仔细检查系统的流程或逻辑操作就能明白的，因为问题发生在使用系统的一方。 比如说库存不知何时起开始增加了，或者发生断货的物品增加了，订货后却迟迟不能交货的物品增加了，所订货的数量与平时的交货数量不一致，等等。 这些问题都是我们必须控制的。

◎ 系统维护的必要性

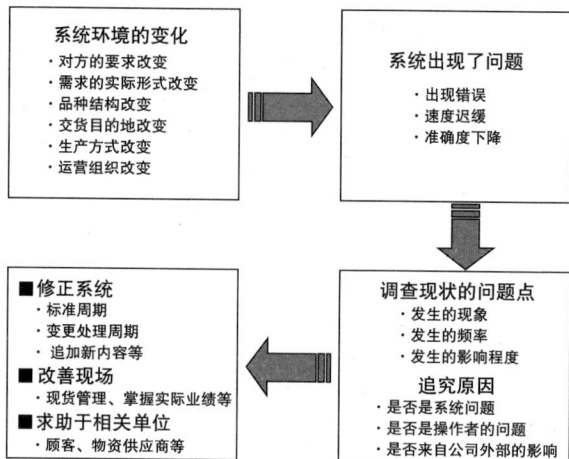

系统环境的变化
- 对方的要求改变
- 需求的实际形式改变
- 品种结构改变
- 交货目的地改变
- 生产方式改变
- 运营组织改变

系统出现了问题
- 出现错误
- 速度迟缓
- 准确度下降

调查现状的问题点
- 发生的现象
- 发生的频率
- 发生的影响程度

追究原因
- 是否是系统问题
- 是否是操作者的问题
- 是否来自公司外部的影响

■ **修正系统**
- 标准周期
- 变更处理周期
- 追加新内容等

■ **改善现场**
- 现货管理、掌握实际业绩等

■ **求助于相关单位**
- 顾客、物资供应商等

◎ 维护计划的要素

修改哪些方面?

如何修改?

谁来修改?

截止何时修改好?

有计划地进行维护

　　还有很多问题可能原因根本就不在系统上，有的时候来自顾客的不合理要求，这也是原因。 如果找出问题并调查原因，就会发现很多课题需要解决，在其中应该会找到需要通过改变信息系统来解决的问题。 总之，改变标准也好，改变处理周期或表示方式也好，都是为了顺应不断变化的环境而进行的。

第 9 章
削减库存的步骤与方法

9 – 1　削减库存的效果

▶──库存越少越好吗

在企业的经营中，对于库存的必要数量要彻底了解并加以管理。但是，如果持有库存就要花费相应的资金，同时也要占用保管空间并因为管理而产生各种各样的费用。如果能在运营时不持有库存是最好不过的了，所以库存是越少越好。这样只要能解决库存少的情况时发生的问题就可以了。

从很早之前开始各个企业就开始努力削减库存数量。自从经济不景气之后，很多公司都开始调整生产来防止库存的增加。但是，就在整个大环境产生激烈变化的最近几年，较之防止库存增加，库存本身容易过时成了更大的风险。 如果存货过时了就无法销售出去，而且过时的库存若停留在了流通阶段，就无法将新产品送到顾客手上。 所以为了适应变化，就要削减库存，并同时降低成本以及提高服务质量。

▶——库存削减推进整体改革

通过削减库存，可以实现"提高资金流量"和直接"降低成本"。 但是，在进行库存削减时，会出现各种各样的问题，这些问题涉及物资筹措、生产、物流以及销售等方面。 如果积压着很多库存，说明潜在很多问

◎削减库存的效果

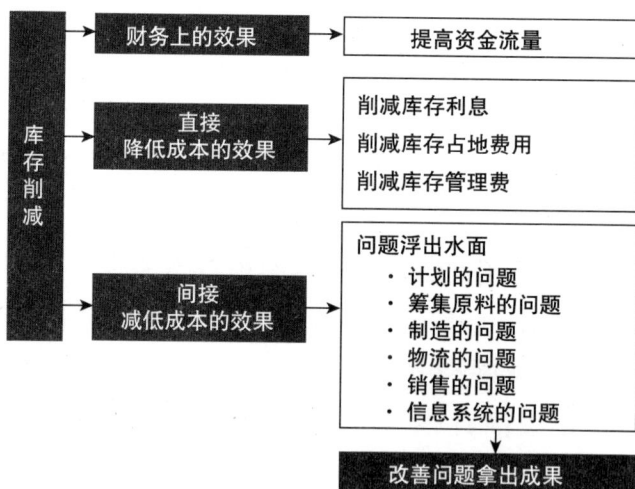

库存削减	财务上的效果	提高资金流量
	直接降低成本的效果	削减库存利息 削减库存占地费用 削减库存管理费
	间接减低成本的效果	问题浮出水面 ·计划的问题 ·筹集原料的问题 ·制造的问题 ·物流的问题 ·销售的问题 ·信息系统的问题
		改善问题拿出成果

◎削减库存时浮出水面的问题以及对策

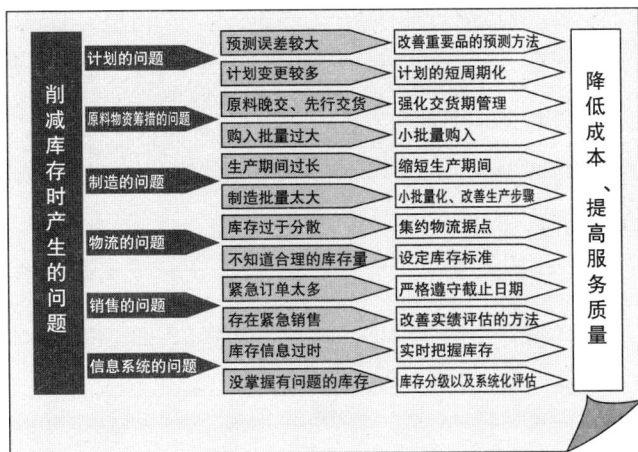

题。 如果想削减库存，就会触及这些问题，所以必须进行改善。 在如此紧迫的状态下，可以促使企业提高经营水平。

通过削减库存的活动而浮出水面的问题涉及很多方面。 现场的问题以及组织结构的问题，甚至还有与物资供应商或顾客之间的问题都需要一个一个加以解决。 削减库存的活动不能止步于一时的口号，这是一项需要整个公司为之努力的课题。

9-2 削减库存的步骤

▶——削减库存的步骤要正确

很多企业都在进行库存的削减，并且以各种各样的步骤进行库存削减。 比如一上来就尝试减少库存、对销售部门下达消化库存的指示、减少生产批量、重新设定库存标准等等——这些方法都没有错，但是必须更加合理地开展削减库存的活动。 只要开展的方式正确，就能更快地看到成效，可以由相关的部门同时开展活动，而且不能停留在一时，要长期贯彻实施。

◎削减库存的步骤

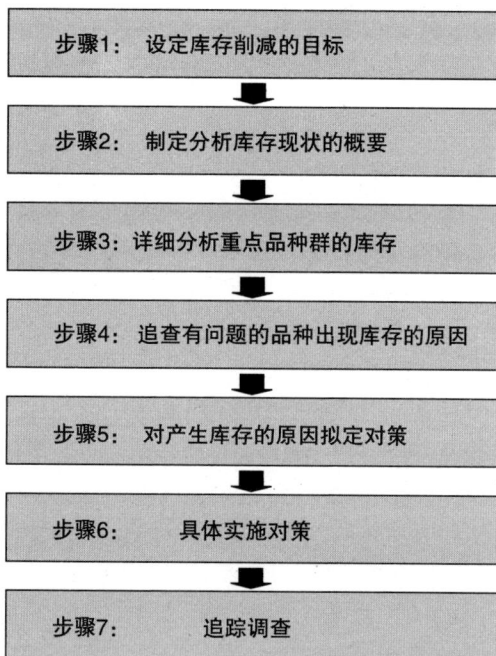

步骤1： 设定库存削减的目标
步骤2： 制定分析库存现状的概要
步骤3：详细分析重点品种群的库存
步骤4：追查有问题的品种出现库存的原因
步骤5： 对产生库存的原因拟定对策
步骤6： 具体实施对策
步骤7： 追踪调查

为了削减库存，第一步必须要用目标的形式表达要削减的意志。 比如将库存金额减少为原来的一半，或者让库存周转率加倍等，一定要明确目标。 对于现在的库

存情况，第一次要从整体上，然后再有重点地限定管理范围。 最后对于其结果进行详细的分析，追查产生库存的原因。 如果库存的原因明确了，就可以研究解决的对策。 以上的研究步骤经过了多家企业的实验，事实证明具有很高的实用性。

▶——彻底追查产生库存的原因

要想对某种状况进行改善，就必须反复提出"为什么"。 通过反复的提问，问题会变得越来越清晰，也就越容易找出解决的对策。 当想不出改善方案时，应该多向自己提问"为什么"。 不过需要注意的是，必须在提问当时检查具体品种的库存状况，探讨产生问题的原因。 如果只是笼统地思考"为什么会产生这么多库存"，是不会得出改善方案的。

随着追查产生库存的原因，会发现很多的问题。 比如现货盘点的数量搞错了、预计销售的数量估计得太多、是以大批量制造的、必须分散在更多的仓库等等，都会以具体实例的形式呈现出来。 通过这样的探讨步骤，也就能明确必须要做些什么。

9-3 削减库存对策的概要

▶——生产、销售、物流部门中的削减库存对策

为削减库存而拟定对策，需要得到各个部门的共同

努力。 物流部门有很多事情需要改善，而生产、物资筹措部门以及销售部门应该完成的工作也同样不少。

首先，关于物流部门，首先要研究持有多少库存是合理的。 此外集约库存据点也有很大的作用，是必须着手解决的问题。 关于顾客服务以及集约据点方面的问题，其中有一些是必须解决的课题。 此外，提高现货管理的准确度也是一项重要的对策。

而作为生产部门最重要的对策，是实现生产批量的小型化。 这要通过缩短工序时间来推进，与此同时，应该以较短的周期拟定生产计划，对于计划期间也要实行短期化。 物资筹措部门也要实现小批量化，并需要缩短物资筹措期间。 销售部门则需要提高销售计划的准确度。 此外，必须认真探讨交易的条件。

▶——设计部门、系统部门对策的目的多种多样

设计部门所决定的材料以及零部件的规格，由于设计者或设计小组的不同，经常会出现规格一点点发生变化的情况。 因此而导致材料以及零部件的种类增加，库存也相应增加。 零部件的共通化关系到减少制造成本以及缩短设计的期间，这需要与设计部门的领导携手研究对策。

与外部建立信息网络是系统部门需要推进的课题。必须与物资供应商、外部供应商、物流单位以及顾客之间构筑信息网络。 构筑好信息网络，互相就可以知晓对

◎削减库存对策的概要

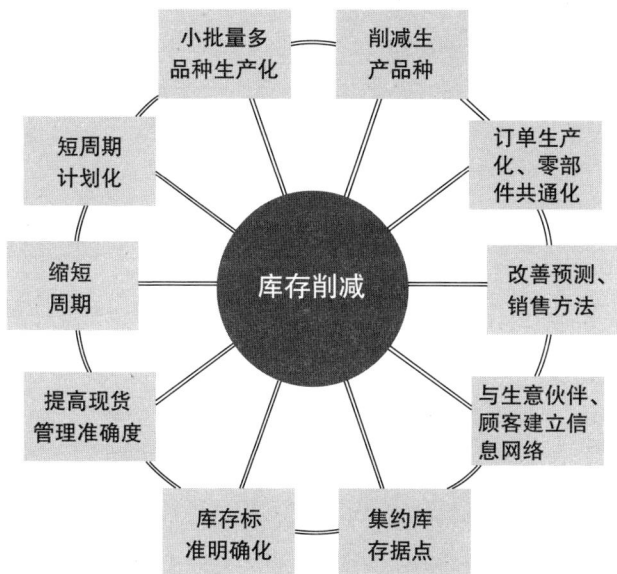

方的库存，这样可以避免产生不必要的库存。 此网络会对各种各样的活动产生影响，能提高业务的速度，并且使无纸化变得可能，还可以减少差错。 此外还应该从减少生产品种上下手，像调整生产活动这样大的举措，也应该在与上级领导的沟通中进行改善。

9 – 4　削减库存的推进体制

▶──从各部门调集英才

如前一节所述，削减库存的活动所需要的对策涉及各方面。 如果只有一个部门削减库存，不管再怎么努力，也得不到多大的效果。 因为很多改进项目与多个部门相关，很多课题也需要得到其他部门的支持合作。 比如库存据点的集约，因为要考虑到对顾客的服务，需要在与营业部门相互沟通下才能展开活动。 另外，有时还会涉及与投资相关的问题，所以应该把财务部门加入到研究班子里。

要想把公司内相关人员聚在一起有计划地开展削减库存的活动，就必须成立项目。 由于课题是单一部门无法解决的，所以应该成立项目小组加以运作。 项目小组的成员必须集合优秀的人员，否则也无法成功。 因为这会影响到周边人员的合作程度，所以应该从公司内外广泛聚集具有真知灼见的人员。

▶——项目要放在与领导层直接相连的位置

削减库存的项目活动，并不是 2~3 个月就能完成的任务，最短也需要大概 1 年的时间。 如果要重新大规模地建立物流据点和信息系统的话，超过 1 年也是很正常的。 对于这期间的活动，领导层也必须经常亲自检查进度并确认成果。 从削减库存的效果来看，该项目应该放在与领导层直接相连的位置。

任何一个项目都需要一个事务局。 该事务局必须能够在实质上推进工作，与相关的部门保持紧密的联系从

◎各部门集结的人才应具备的素质

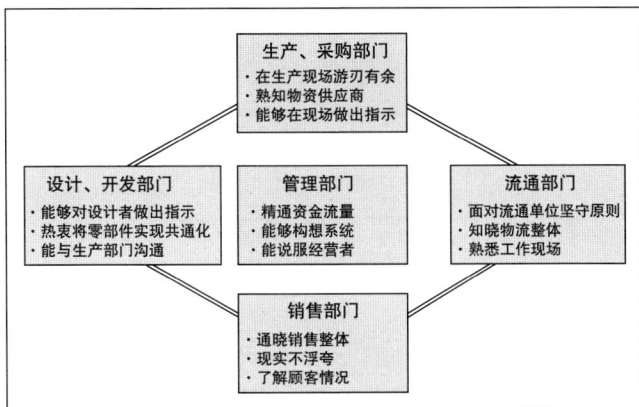

生产、采购部门
· 在生产现场游刃有余
· 熟知物资供应商
· 能够在现场做出指示

设计、开发部门
· 能够对设计者做出指示
· 热衷将零部件实现共通化
· 能与生产部门沟通

管理部门
· 精通资金流量
· 能够构想系统
· 能说服经营者

流通部门
· 面对流通单位坚守原则
· 知晓物流整体
· 熟悉工作现场

销售部门
· 通晓销售整体
· 现实不浮夸
· 了解顾客情况

◎库存削减的项目组织的例子

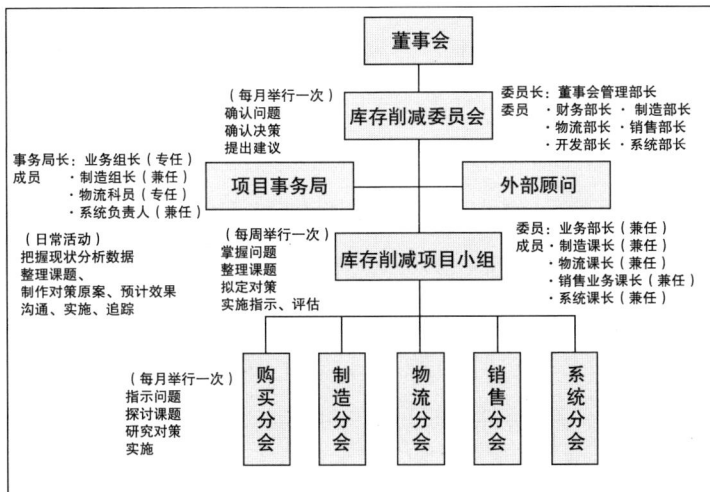

董事会

（每月举行一次）
确认问题
确认决策
提出建议

库存削减委员会

委员长：董事会管理部长
委员 · 财务部长 · 制造部长
· 物流部长 · 销售部长
· 开发部长 · 系统部长

事务局长：业务组长（专任）
成员 · 制造组长（兼任）
· 物流科员（专任）
· 系统负责人（兼任）

项目事务局

外部顾问

（日常活动）
把握现状分析数据
整理课题、
制作对策原案、预计效果
沟通、实施、追踪

（每周举行一次）
掌握问题
整理课题
拟定对策
实施指示、评估

库存削减项目小组

委员：业务部长（兼任）
成员 · 制造课长（兼任）
· 物流课长（兼任）
· 销售业务课长（兼任）
· 系统课长（兼任）

（每月举行一次）
指示问题
探讨课题
研究对策
实施

购买分会

制造分会

物流分会

销售分会

系统分会

而开展活动。 因此，事务局应该任命可以信赖的领导，并选择有能力且务实、有干劲的组员。 对于相关部门，必须让他们在各自的立场上研究削减库存的课题，共同协助项目。 事务局应该整理好项目小组的研究结果，传达给各个分会，征求相关的意见。

9−5　生产部门的库存削减方法

▶──在必要的时候生产必要的数量

为了实现库存的减少，生产部门所做的工作具有极其重要的影响。 由于库存就是控制"进"与"出"，所以生产的方法会产生最重大的影响。 我们应该彻底分析并研究生产的形式。

第一是小批量生产。 有很多方面需要进行改善，要想缩短切换品种的时间，可以改善设备工具，或改善设备的清扫方法。 此外还需要重新考虑作业步骤，事先安排好工作程序，减少机器停止的时间（外部程序化）。

另一方面需要做的是关于生产计划，要实现短周期化和短期间计划化。 如果把制定计划的方法从 1 个月 1次、1 次制定 3 个月的改为 1 周 1 次、1 次制定 1 个月的，就能提高预测的准确度，也可以减少为预防误差而准备的库存。

▶——零库存的终极形式是订单生产

预测生产要采取小批量，并应该实行各种改善。 不过预测终究是预测，无论怎么样都会发生产品库存。 预测生产中，如果要生产物品的规格非常特殊，或者顾客的要求多种多样，与其听取其意见来制造，不如研究一下订单生产的可行性。 比如小轿车等的生产，就是根据顾客各种不同的要求对规格做出各种特殊的调整后，交到顾客手中。

订单生产叫做 BTO（Build to Order）、ATO（Assemble to Order）或 MTO（Make to Order）。 由于是接单后再生产，所以如果不提前准备好材料或零部件，就有可能赶不上顾客要求的时间期限。 这时候就必须提前准备好材料或零部件的库存，同时工作人员也必须具有不管接到什么订单都能胜任的能力。

◎生产部门削减库存的方法

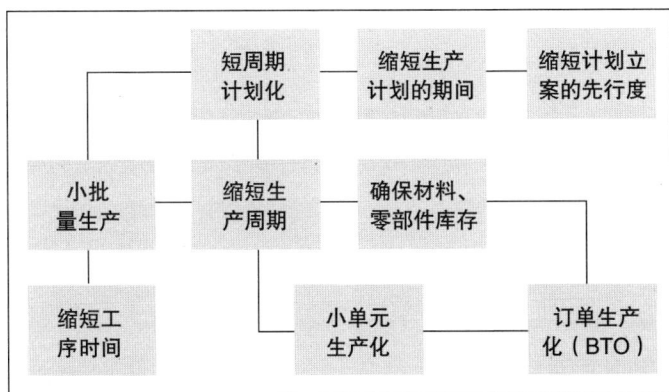

	短周期计划化	缩短生产计划的期间	缩短计划立案的先行度
小批量生产	缩短生产周期	确保材料、零部件库存	
缩短工序时间		小单元生产化	订单生产化（BTO）

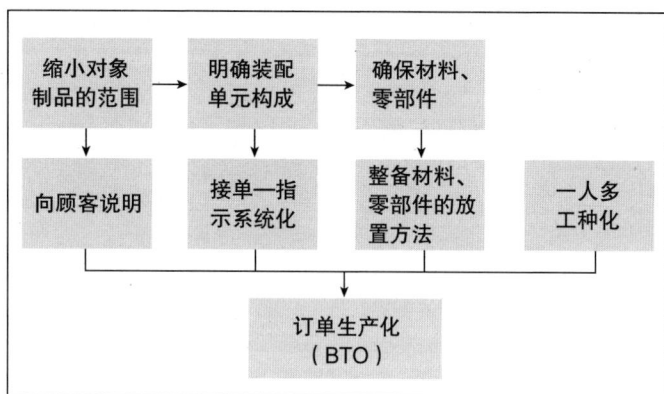

```
缩小对象      明确装配     确保材料、
制品的范围 →  单元构成  →  零部件
   ↓            ↓            ↓
向顾客说明    接单—指      整备材料、     一人多
             示系统化     零部件的放     工种化
                          置方法
                    ↓
              订单生产化
              （BTO）
```

9-6　物资筹措部门的库存削减方法

▶——不需要的物品绝对不买

　　物资筹措部门为库存削减所作的活动可能要比制造部门的难度大，这是因为所处的立场是要委托合作单位办事。当然，也因为处于向对方订货的立场，所以某种意义来说可以向对方做出较强的指示。但是，如果我方只出于自己利益考虑而要求对方降低成本或缩短时间，只要对方没有相关的改善行动，那么最后几经周折吃亏的还是订货方。购买小批量也是同样的道理。

　　假如以前购买某种商品每次都是以 1 000 个为单位，而现在希望以 100 个为单位购买，对方却说无法与以往同样的单价销售，这时该怎么办？首先要详细询问对方这么答复的理由。如果对方是制造公司的话，就要请他们出示详细的制造流程。 如果在中途工序分成多个品种的工序，就应在该工序前确定详细的规格，并传达给对方。有的时候，调整提出计划的时机并与对方建立好信息网络的话，情况是可以改变的。 同时需要研究探讨 VMI（Vendor Management Inventory——供应商管理库存）。

▶——与供应商共同活动是必要的

物资筹措部门进行库存削减，必须与供应商共同行动。 因此，平时就要建立起良好的信任关系，这是一切活动的基础。 如果要求小批量化或者缩短周期，如果以供应商现行的做法可能会有提高成本的危险。 而如果不进行改善的话，那么增加的成本不是订货方负责，就只有供应商承担了。

◎物资筹措部门削减库存的方法

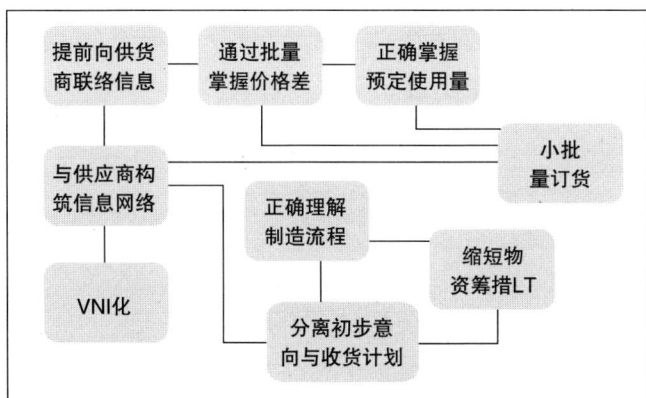

- 供应商以何种方式进行处理？
- 供应商的订单截止日期是什么时候？
- 订货汇总的期间是多久？
- 是在供应商处制造的还是他们购买的？
- 周期的情况是怎样的？
- 供应商有库存吗？
- 如果对方是制造商，那么制造流程是怎样的？
- 从流程的哪一步开始区分产品的规格？
- 如果向该流程做出指示，能够改变之后的数量吗？

改善方案总是会想出来的。 如果供应商声称无法进行改善，那么就应该由订货方来改善。 如果自己都做不到改善，却要求对方降低成本或要求小批量化、缩短周期等，是非常自私的行为。 如果经营者面对供应商，不将其看做是合作伙伴的话，改善是无法推进的。 我们不要只把信任关系停留在口头上，而应该重新研究什么才是真正的合作伙伴关系。

9-7 通过库存集约化削减库存

▶——通过库存集约化来削减库存

库存必须保管在必要的场所，但如果将物品分散到许多的场所，就会增加库存。 一般来说相较于将同一物品放在 1 处，如果放在 4 处的话则库存会变为 2 倍。 从分散的库存中发货的数量要比集约库存发货的数量要少。 如果数量少，则发货量的偏差就会变大，于是为了应付变动而必须准备的库存随之也会增多。

　　如果集约库存的话，就可以减少存货量，而且库存管理也会变得更轻松。 应该集约库存，持有不至于导致断货的库存，并且还要贯彻现货管理。 如果对仓库的员工也实行集约化的话，就能够以较少的人数进行管理。如果对库存实行集约化，则在发货时就不必让运输车辆跑去各个地点装货。 虽然集约库存也存在风险，比如库存场所距离顾客较远导致交货的周期变长等，但也具有可以减少断货的优势。 所以必须考虑二者的利弊进行判断。

▶──集约化要认真研究对象

　　库存的集约化并不是针对所有的物品。 如果某项物品要在全国各地发货，并且发货方式是少量高频率的话，不如放在地方仓库并由此发货，这样可能成本更低。 如果需求偏向某些特定地区的话，那最好就不要将货品集中到中央。 所以，首先要明确应该集约什么。应该掌握好现在的每个场所的库存状况，并将其与各个地区的发货状况进行比较研究，找出需要集约的物品。

　　由于库存的集约化势必涉及场所的集约化，所以就

207

◎库存集约化的顺序

步骤1： 分析库存的现状
（对象的库存品种、数量、金额、发货量）

步骤2： 推定集约库存的效果
（掌握必需数量，与现在的进行比较）

步骤3： 具体化的日程化
（明确实行的计划）

步骤4： 保管、作业场所的计划
（估算空间、安排计划）

步骤5： 确保场所，准备设备
（确保仓库、安排准备货架等）

步骤6： 移动现货、实施保管集约化
（搬运、上架、确认成果）

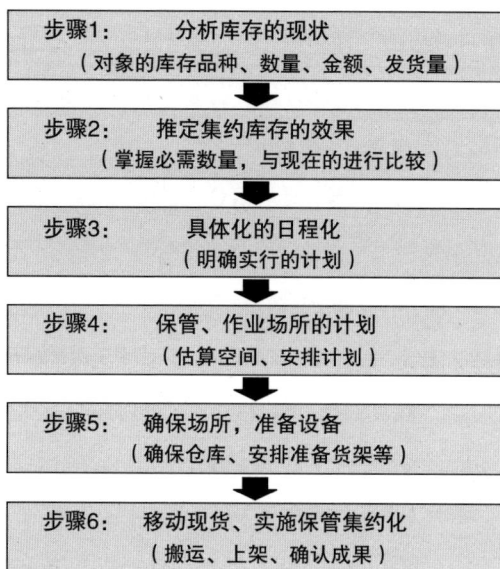

需要重新对场所进行安排。 与物流据点的计划相同，要在计划保管场所的同时对作业场所进行计划。 此外也要充实该场所的现货管理方式，使其更有意义。

9-8 库存削减方法与信息系统

▶——建立信息网络有助于削减库存

为了削减库存，信息网络是绝对不可缺少的基础设施。 对于来自顾客的 EOS（Electronic Ordering System），顾客与自己公司必须以网络连接起来。 顾客的

库存状况和发货状况也要通过该信息网进行把握。 地方
仓库的库存以及发货状况也是网络的信息。 除了产品、
商品的库存外， 物资筹措品的信息网络也是非常重
要的。

信息网络通过 EDI（Electric Data Interchange）及因
特网，连接不同场所的电脑，实时地处理问题也由此得
以实现。 实时的信息包括销售额信息、库存信息、发货
信息、进货信息、订货信息等等，这些信息随时都在发
生变化。 只有尽快地掌握这些变化，才能更快地实施
行动。

▶——要竭尽所能实现自动处理

对于通过实时的网络获得的各种信息，如果花费时
间来判断的话，得出结果的对策已经过时了。 关于信息
的处理，不能只对数据进行抵消计算或累计、分类，而
需要根据某些标准进行自动的判断和处理。 在信息的种
类与数量越多时这种处理就越为重要。

现在，已经有越来越多的处理实现了自动判断。 比
如按照顾客单位累计接单金额，进行信贷管理，对于接
单货品自动进行库存抵押；自动出具有库存货品的发货
指示票据；对于需要延迟交货的物品自动设定修正交货
期，请求确认；对于库存过多的货品发出预警，提出警
告；对于库存补充品种自动地检查库存，如果低于标准

量则自动进行订货等等。

◎利用信息系统削减库存的方法

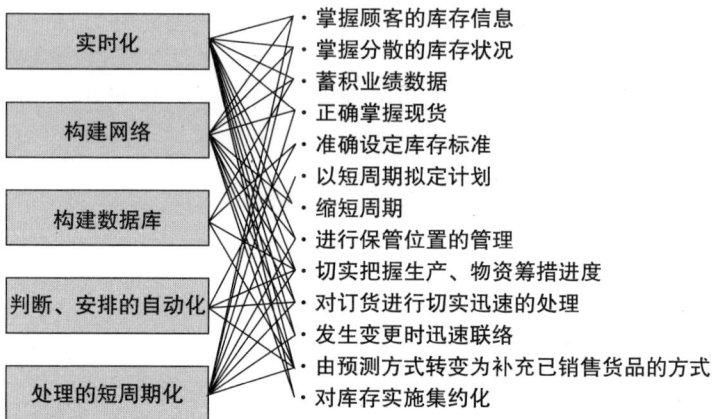

- 掌握顾客的库存信息
- 掌握分散的库存状况
- 蓄积业绩数据
- 正确掌握现货
- 准确设定库存标准
- 以短周期拟定计划
- 缩短周期
- 进行保管位置的管理
- 切实把握生产、物资筹措进度
- 对订货进行切实迅速的处理
- 发生变更时迅速联络
- 由预测方式转变为补充已销售货品的方式
- 对库存实施集约化

实时化

构建网络

构建数据库

判断、安排的自动化

处理的短周期化

◎信息系统自动化的关联图

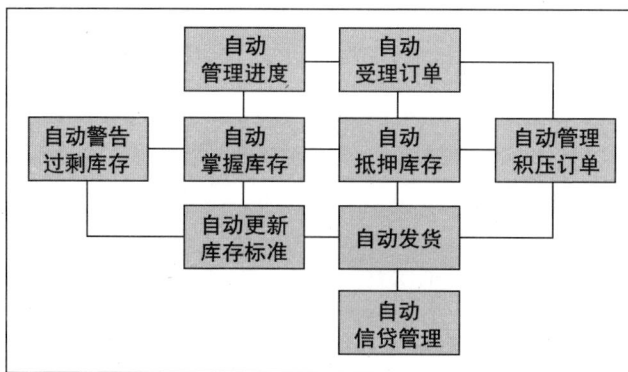

9-9 A公司削减库存的实例

▶──A公司由于生产、物流结构的影响而导致了库存的增大

A公司是一家生产化学产品的厂家，拥有位于全国各地的为顾客输送产品的工厂。由于近年来愈演愈烈的销售竞争，希望该公司的产品降低成本的要求也越来越强烈。制造工厂分布在日本的关东、近畿、九州以及中国等国家和地区，由于生产时需要使用大型设备与装置，所以一直以来采取的都是大批量的生产。此外，由于后期工序多委托给外包商或合作公司，所以物流复杂，物流费用也达到了相当大的金额，相对于销售额，物流费用的比例已上升到了6.5%。

该公司的工厂一直以来都把提高装置的运转率看做首要，为了低价生产就要降低原料、能源、劳动力等必要的基本生产要素，所以长年以来一直采取大量生产的方式。然而，增加的存货不断陈腐化，由于废弃而造成了巨额的损失。该公司为了大幅度降低成本，将"削减物流费用"设定为紧急的课题。同时，为了改善资金流量和提高收益性，开展了"削减库存"的活动。

▶──削减库存以小批量生产与短周期计划为中心

当工厂是以大型装置设备生产货品时，往往因为切

换品种而花费大量的时间。 A公司也因为清扫装置、交换与调整模具等要花掉数小时的时间。 如果不缩短这一切换时间就不能进行小批量生产，也无法减少库存。 所以该公司集合了现场的操作班长与负责生产技术的成员，成立了模范"缩短切换品种时间"小组，通过用VTR摄像或用秒表观测时间对作业进行分析。 他们通过减少关掉设备的次数（内部程序），事先加热或调节模具（外部程序）等方法，成功实现了时间的大幅度缩短。

此外，对于生产计划，他们将一直以来每个月拟定1次的2个月计划改为了每半个月1次的1个月计划。 通过这一改变，需求预测的变更较容易反映到计划里，作业现场由于紧急任务而手忙脚乱的次数也减少了。 此外，营业部门也积极地开展了滞留库存的处理活动。 通

◎从生产、物流结构分析A公司的特征与问题点

■ 顾客、产品的特性	
·分散在全国的少量交货地 →	运输费增大，因临时送货而导致单价提高
·通过顾客的指示进行加工并发货 →	发生紧急的加工、运输
·各领域成本竞争激化 →	顾客的要求是绝对真理，数量也时有变动
■ 生产流程与生产据点	
·按生产流程分离为不同工厂 →	产生工厂间的物流费用
·自家工厂相隔遥远 →	产生远距离的物流，运输费巨大
·后期工厂以外包工程为中心 →	对外包商的物流管理放任不管
■ 生产方式与库存量	
·预计生产与订单生产混和 →	预测不准时产生巨大影响、订单也不确定
·自家工厂以提高作业度为中心 →	业绩评价以生产成本为中心
·工厂专心于制造 →	库存积压再多也不会涉及评估
■ 物流管理运营体制	
·不同营业员负责不同顾客 →	因为个别的安排而弹精竭虑
·不同工厂采用不同物流单位 →	缺少总领全公司的物流
·全公司物流统括依靠营业管理 →	面对巨大的物流费用与存货，管理体制薄弱

◎削减库存的课题定位

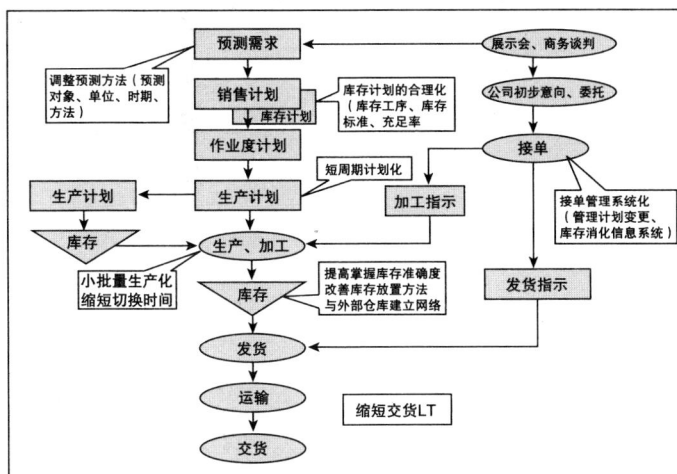

过这些活动，该公司在 1 年之后成功减少了对象工厂存货的30%以上。

9 – 10　B 公司削减库存的实例

▶——对多品种的产品库存实行 BTO 化

B 公司生产金属机器，该公司的产品在生产流水线的装置里组装。由于组装在各种装置中，所以产品的种类多达数千种。因此在制造过程中需要多次切换品种，一直以来生产效率都低迷不振。并且由于是按库存生产，所以积压了很多产品库存，已经膨胀得超过了 2 个月的量。

213

然而详细看他们半年内的实际订单情况，仅为20%的品种就几乎达到了销售额的75%。此外还得知以库存金额统计的话，其品种群占整体的40%，也就是说少量的货品占据了库存的一半以上。分析该公司的生产流程，发现产品是以多个零部件单元组装而成的，于是，该公司决定对于那些少量的货品采取BTO（Build to Order）方式，即事先准备好零部件单元，然后按照顾客要求的规格迅速组装零部件单元后交货。零部件单元大约有300多种，200多种实现了标准化。现在该公司对于大量货品采取预计生产的方式，而少量货品则采取BTO方式。

▶——由产品库存转变为具有共通性的零部件单元库存

为了BTO而对零部件单元实施标准化，该零部件单元又决定了库存标准，因此需要通过补充零部件单元库存的方式对制造下达指示。虽然在大量生产中也会使用零部件单元，但该计划可以根据每个月的完成品计划计算出必需的零部件单元数量。也就是说，零部件单元分为了两类，即每个月计算出的部分和仅当需要时根据指示进行补充的部分。零部件单元的制造方式本身都是相同的，不过完成后就按用途分别进行管理。

在B公司，将分散在全国各地的4处产品仓库集约到了1处。此外，在该仓库也开始进行流通加工，比如

214

安装附属的小零件或者简单的组装。 通过这些对策，虽
然零部件单元的库存增加了 20% ，但是完成品的库存成
功地减少为原来的一半。

◎B公司的制造流程

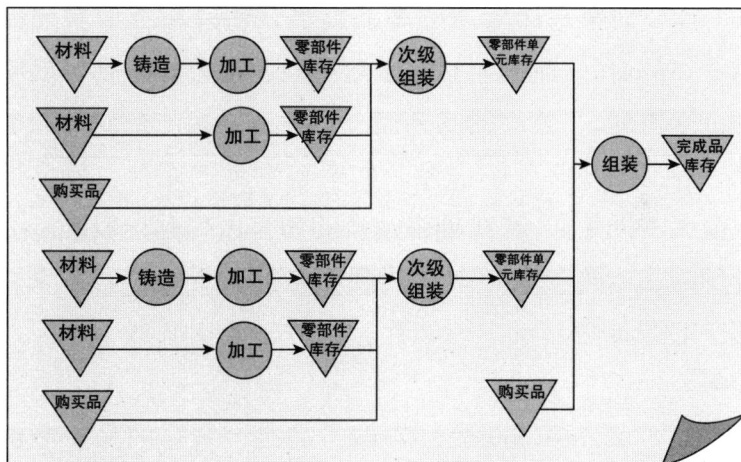

◎B公司的库存削减以及相关活动

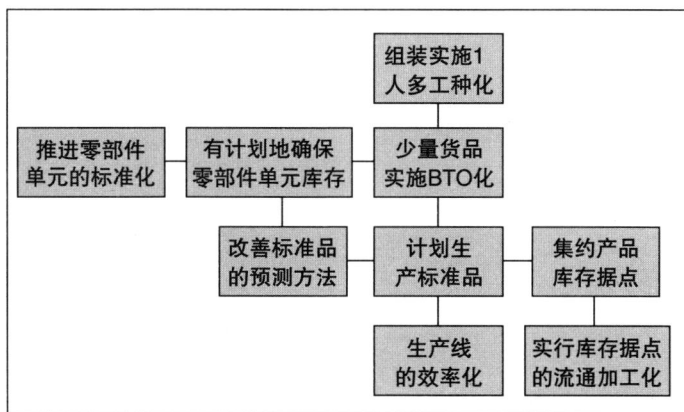

215

9–11　C公司削减库存的实例

▶——通过库存的集约化与仓库的联运化来减少库存

C公司生产零食点心类的食品，所以库存只有半个月左右的量。然而与其他行业不同，该公司必须彻底实施日期管理。公司的商品通过批发商向超市及便利店销售，商品的寿命周期很短，如果有剩余的库存，就会造成很大的损失。现在越来越多的顾客由光顾一般的点心专营零售店转向在超市或便利店购买，所以他们必须要解决的课题是以较少的库存，同时降低物流费用来运营业务。

由于该公司的商品分为很多品种，并且商品寿命很短，所以库存要尽量集中化，同时还必须彻底实施日期管理。为了提供最新鲜的商品，所以他们最先掌握了库存总量，实施了库存的集约化。商品每天晚上从集中的仓库运送到远处的据点，这样一来，在接到订单的第二天就能够通过使用共同配送网，送到相关的地区。

▶——首先分析现状、其次开展降低物流费用的活动

C公司其实一开始并没有想进行削减库存的活动，然而，经过分析现状后，发现要想削减物流费用势必会

碰到库存的问题，所以也并行开展了削减库存的活动。
这件事也证明了库存对各种事项都会产生影响，无论库
存问题的开端在哪里，凡是要处理物品的领域都是必须
彻底解决的。

　该公司对于目前的状况进行了坚决彻底的分析。　对
于位于地方的仓库，项目成员亲临视察，并观察了该处
的夜间作业。　只要查看遍仓库的边边角角，就会发现库
存的问题。　像这样彻底追查具体的细节，营业商的问题
也会清晰起来。　该公司的总经理将物流与库存问题作为
最重要的课题花大力气来解决，该公司的改革是一个极
其成功的案例。

◎C公司关于库存与物流的课题

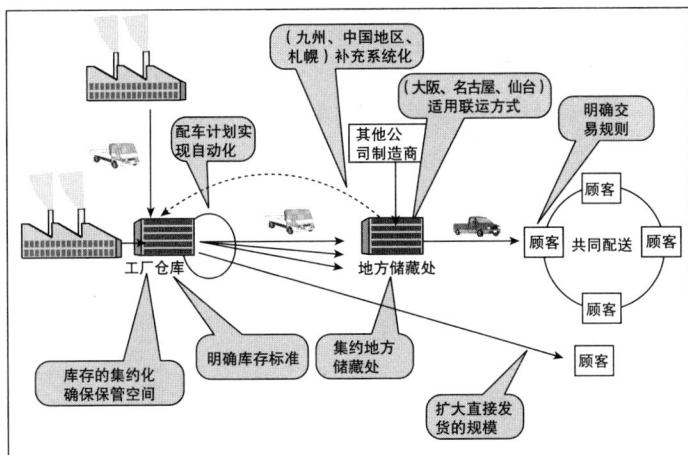

第1个月	第2个月	第3个月	第4个月	第5个月	第6个月	第7个月	第8个月	第9个月	第10个月

★计划开始

步骤1：现状调查 ★中期汇报 步骤3：削减物流费用 ★中期汇报 步骤5：库存标准与补充系统化 ★最终汇报

调查实际情况　研究实施直接送货化　设定库存标准

抽取问题　明确交易规则　补充系统化

步骤2：改革计划方案　步骤4：保管的集约化

整理问题　研究工厂库存集约化方案　准备实施、过渡

研究改革方案　准备实施、过渡

研究体制计划具体化　研究地方储藏处集约方案

步骤6：适用联运方式

详细研究方式

研究实施计划

9-12　削减加工品、半成品的实例

▶——通过 TOC 集中改善瓶颈工序

D 公司生产金属加工品，通过零售门店向全国销售。 生产的主要工序是钢材的截断、锻造、机械加工、表面处理、检查等等。 虽然产品的形状、重量、大小有所不同，但制造工序基本相同。 采取预计生产的方式日产 65 个，而各个工序间有准备工作，生产天数要花费 15 天左右。

后来该工厂引进了 TOC（Theory of Constraints，制约条件的理论）。 TOC 手法中， 有一种叫做 DBR

（Drum，Buffer，Rope，鼓、缓冲、绳），可以用来控制瓶颈工序，并首先对瓶颈工序进行提高能力的改善。 而且，如果配合瓶颈工序而在先前工序中投入相应的量，就能保证流水线的畅通运行。 为了百分之百地充分利用瓶颈工序，将准备工作（缓冲）仅放在瓶颈工序之前。通过这样的做法，可以大幅度削减准备工作的量，并且能够缩短生产时间。

▶——通过 TOC 提高生产率

为了开展 TOC 活动，D 公司从 TOC 咨询公司接受了 TOC 的相关教育，学习了实施的方法。 首先，工厂将大约 15 个领头人分成小组，每组 5 ~ 6 个人，在小组里讨论存在的问题点。 具体做法是通过 "TOC 思考流程" 的方法，花 2 天时间制作出了 "现状问题结构树形图"。课题是 "为什么准备工作多？" 和 "为什么生产期间长？" 成员互相自由地发表意见，在制作树形图的过程中，小组成员们对问题达成了共通认识。

TOC 就是通过这样的做法，选出重点问题，并逐步进行改革。 D 公司最后把原来 15 天的生产期间大幅度地缩短到了 5 天。 由此准备工作也变为了原来的三分之一。 同时，因为现在能够以短期间进行生产，所以成功地缩短了生产计划的周期，产品库存也削减了 30%。

◎以瓶颈工序为中心的计划、管理的思路

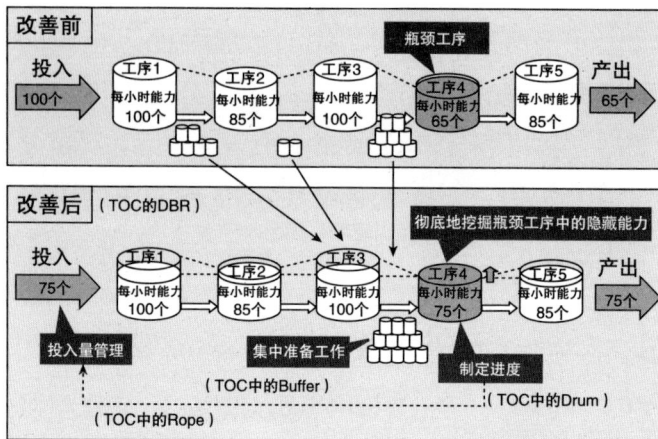

改善前

投入 100个 → 工序1 每小时能力100个 → 工序2 每小时能力85个 → 工序3 每小时能力100个 → 瓶颈工序 工序4 每小时能力65个 → 工序5 每小时能力85个 → 产出 65个

改善后（TOC的DBR）

彻底地挖掘瓶颈工序中的隐藏能力

投入 75个 → 工序1 每小时能力100个 → 工序2 每小时能力85个 → 工序3 每小时能力100个 → 工序4 每小时能力75个 → 工序5 每小时能力85个 → 产出 75个

投入量管理　　集中准备工作　　制定进度

（TOC中的Buffer）　　（TOC中的Drum）

（TOC中的Rope）

◎D公司开展的TOC活动的概要安排

大项目	中项目	1个月	2个月	3个月	4个月	5个月	6个月	7个月	8个月	9个月	10个月	11个月	12个月
预备调查	基本计划、推进体制	→											
Workshop 1	TOC研修		→										
workshop 2	描绘问题结构树形图、活动宣言		→☆										
步骤1	找出瓶颈			→	→								
	全工序准备工作的可视化			→									
	盘点指标类别			→									
	操作上接受TOC教育			→	→	→							
	决定瓶颈工序、汇报会					→☆							
步骤2	设置缓冲					→	→						
	彻底利用瓶颈工序					→	→	→					
	改善工序的安排					→	→	→					
步骤3	研究讨论投入规则					→	→	→					
	制定投入系统					→	→	→					
步骤4	一人多工种化教育					→	→	→	→				
	引进设备计划					→	→	→	→				
步骤5	反复执行改善的步骤					→	→	→	→	→	→	→	→
生产率结算						→	→	→	→	→	→	→	→
总结报告会			☆		☆		☆		☆			☆

9 – 13　削减原料库存的实例

▶——筹集材料的周期过长导致库存增加

E 公司是金属制品制造行业中以接单方式生产的企
业。 根据顾客的要求加工材料并组装零部件和零部件单
元，再直接送给顾客。 因此，产品库存很少，绝大多数
都是材料库存。 除了少量的钢材库存外，占绝大多数的
是外部购买品。 特别是使用纤维素材，其材料、颜色、
图案的种类繁多，库存品种也达到了 1 200 多种。

纤维素材的物资筹措期间从订货到进货要花 2 个月
以上的时间，所以在订货时要以 3 个月之后的销售预定
为依据。 然而 3 个月之后的销售预定有很大程度的预测
误差。 不止数量会发生变动，甚至连颜色和图案也会有
所变动，所以经常发生之前订购的物品完全派不上用场
的情况。 对于 E 公司来说，缩短筹集材料的周期，是削
减材料库存上的重要课题。

▶——缩短周期与小批量订货

E 公司所订货的纤维素材，由于有大型贸易公司介
入，所以负责购买的员工在订货时并不知道纤维素材是
以何种方法制作的。 所以他们访问了生产的工厂，确认
了工作现场，与车间的员工们进行了讨论交流。 最后，
双方达成了一致，改为一个月之前确定好颜色和图案并

订货，但原材料的月度总量要在 2 个月前决定好。

◎E公司在改善前的材料库存状况

单位：亿日元

	X工厂	Y工厂	A分工厂	B分工厂	合计	相关公司	总合计
原材料	1.0	0.0			1.0		1.0
加工品	0.8	1.0	0.1	0.1	2.0	0.5	2.5
购买品	7.6	10.8	0.3	0.6	19.3	3.4	22.7
合计	9.4	11.8	0.4	0.7	22.3	3.9	26.2
在库月数	2.8个月	3.2个月	3.0个月	2.1个月	3.1个月	2.5个月	3.0个月

库存商品群别的构成

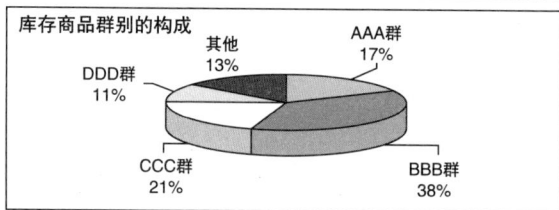

其他 13%
AAA群 17%
DDD群 11%
CCC群 21%
BBB群 38%

◎E公司削减材料库存的改善内容

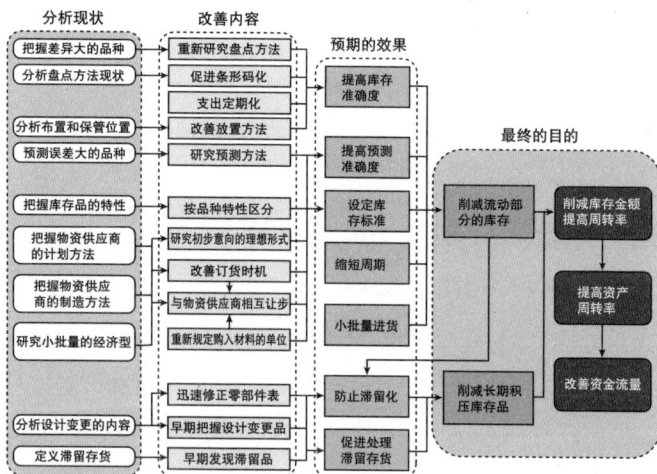

分析现状

把握差异大的品种
分析盘点方法现状
分析布置和保管位置
预测误差大的品种
把握库存品的特性
把握物资供应商的计划方法
把握物资供应商的制造方法
研究小批量的经济型
分析设计变更的内容
定义滞留存货

改善内容

重新研究盘点方法
促进条形码化
支出定期化
改善放置方法
研究预测方法
按品种特性区分
研究初步意向的理想形式
改善订货时机
与物资供应商相互让步
重新规定购入材料的单位
迅速修正零部件表
早期把握设计变更品
早期发现滞留品

预期的效果

提高库存准确度
提高预测准确度
设定库存标准
缩短周期
小批量进货
防止滞留化
促进处理滞留存货

最终的目的

削减流动部分的库存
削减长期积压库存品
削减库存金额提高周转率
提高资产周转率
改善资金流量

222

此外关于订货的批量，只要是成卷的物品，原来以
1 000 米为单位购买的，现在能够以 500 米为单位购入。
关于预测销售的方法，进行了反复的试探摸索，同时进
行了模拟实验，采用了以"指数平滑法预测方式"和
"库存补充方式"筹集的方法，区分品种进行管理。 此
外对于现货管理也开始灵活运用"条形码"，更实际有
效地进行了数量管理。 该公司在 1 年的行动中，材料库
存减少了近 30%，目前正以减少 50% 为目标继续努力。

9 – 14　成功削减库存的要点

▶——削减库存的活动必定能完成

很多企业都在进行削减库存的活动，笔者也经常能
听到不少企业的抱怨，比如成果不明显、要花很长时间
才能看到成果、马上就会退步等等。 在此，笔者在下页
图中试列举了几个实现目标的要点。 库存涉及很多相关
部门，并在各方面发挥着作用，所以必须从相关部门调
集优秀的人员，建立项目小组展开活动。

由于这项活动跨了多个部门，所以最好能让上层领
导参与其中，这样开展起来更畅通顺利。 仅从库存的重
要性来看，也非常需要决策层领导的支持。 得到上级支
持后，改善的对象不要仅限定在公司内部，必须把顾
客、供应商、外包商、各相关单位等与外部相关的部分

也放入视线范围。 并且要在整体上定位，时常明确正在大力改进的课题和剩余的课题。 然后，再以正确的步骤，特别是要对现状进行详细且定量的把握。

▶——通过改善取得成功

削减库存的活动，功能范围非常广，并且涉及诸如工作现场的问题、信息系统的问题、员工意识的问题、营业的商业习惯问题等等，问题具有非常多样的特性。在对于这些问题进行改善时，寻找合适的人员来进行改善工作绝非易事。 即使某个人不能十全十美地完成任务，但只要成员们能够互相取长补短，协力达成目标就可以。

◎削减库存活动成功的要点

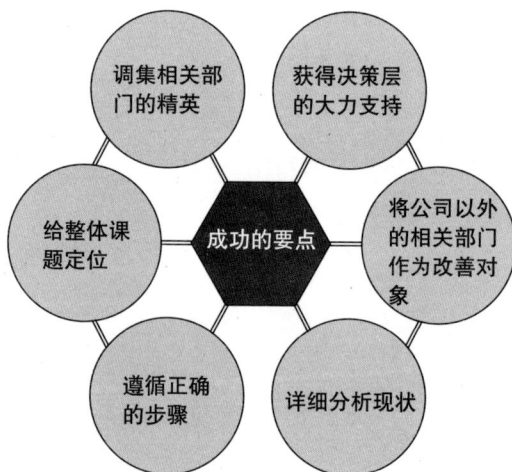

成功的要点

调集相关部门的精英

获得决策层的大力支持

将公司以外的相关部门作为改善对象

给整体课题定位

详细分析现状

遵循正确的步骤

◎进行改善工作的人员应具备的条件

1. 掌握了改善的基本方法
2. 不断努力
3. 能够热忱地说服他人
4. 能深入工作现场
5. 能以数据讲道理
6. 具有较高的汇报演示能力
7. 具有百折不挠的精神

当然，对于改善的手法，应该让员工熟练掌握。 一个人哪怕一开始的时候完全不了解，只要肯努力，就能够掌握并实际应用。 此外，由于相关部门很多，所以有时会有意见上的分歧。 这时候就需要进行改善工作的人员在发生争议时具有满怀热忱且能有理有据地说服对方的能力。 改善是需要百折不挠的，更需要坚持不懈、不断进取的精神。 也有人说，成功的秘诀就是"不断改善直到成功"。 如果实现了一小步的成功，不但能获得自信，还能得到大家的信任从而继续坚持下去。

第 10 章
企业战略与库存策略

10 - 1   SCM 与库存策略

▶——SCM 的目标与策略

关于 SCM（Supply Chain Management，供应链管理）
的定义有很多，大致可以解释为"对从材料、零部件的
筹措到库存、消费者的产品供给的过程进行综合管理"
的意思。正如 SCM 所主张的"把生产、流通过程看做
商品的流程，要放到生产、流通相关的所有企业链中去
分析"，应该认为 SCM 的目标就是在广范围中实现整体
的效率化。

也就是说，不仅仅是自己公司，还要综合相关物资
供应商、贸易伙伴，构建一个最有效率的、为供给服务

的物理与信息系统。 不过，为了更好地为顾客提供商品，要通过相关过程来进行思考分析，实际上绝非易事。 很多情况下与其他公司的利害关系会正好相反，同时企业内部的组织结构也大多不一样。 但是，关于为顾客提供商品与服务，如果能以共同的目的进行企业活动，那么就可以在比原来更短的期间内切实的、且以更少的成本来贯彻执行。

▶——SCM 就是库存策略

为顾客提供商品的过程就是 SCM 的研究对象。 提供商品的过程与库存策略是有很大关联的。 为了向顾客提供商品，面对从筹集物资到生产、物流、销售等的过程，除了公司内部，还要放宽到顾客及物资供应商的范围进行考虑，这一点与库存策略是完全相同的。 由于库存策略还要考虑持有库存的方式以及库存的必要性，所以与 SCM 在很大程度上相一致。 SCM 所强调的要点是改革不能只停留在某一企业的内部，而要与上游以及下游的企业共同对供给过程做出改革。

为了让商品的流通更顺畅，从而满足顾客，包括库存在内的生产、销售、物流的改革是非常必要的。 而位于中心的则是信息的改革。 这需要将顾客的需求信息、供给与库存信息、生产与进度信息等在企业间实现共享，从而达到业务的快速化、效率化，以及提高业务的品质。

◎SCM的职能相关图

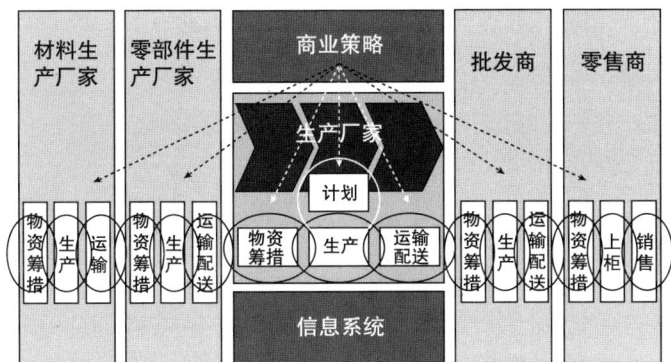

◎SCM的目标

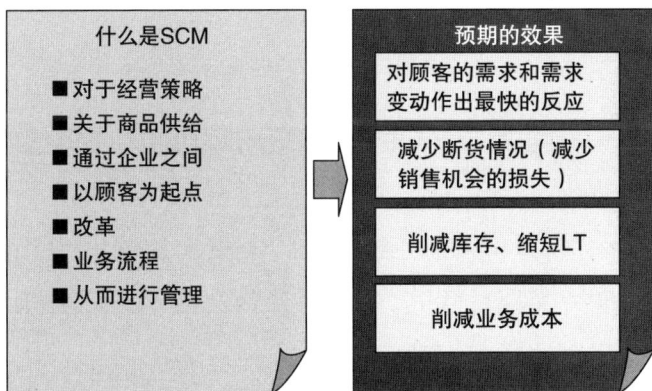

10－2　SCM 的实际状况

▶——SCM 的成熟稳定

SCM 开始被提倡还是十几年前的事，当时还有人主张应该要进行 DCM（Demand Chain Management，需求链管理），而不仅仅是 SCM。一直以来，关于经营管理的新方法和思路每 5 年到 10 年就会不断推陈出新。这并不是好与不好的问题，新理念都是在原有思路的基础上添加某些新想法，或对其他重点有所强调。

在现实中，某一企业联手物资供应商和顾客一起建立供给系统是非常困难的。如果不能像某电脑公司一样独自建立新的商业模型而是使用现有的流通网络和销售网的话，很难顺利开展一条龙式的业务。如果把自己公司想做的事情强行施加在物资供应商和顾客头上，则会因为利害关系的对立而产生矛盾。

▶——构建 SCM 要在不断出成果的同时继续坚持

既然在一个企业的内部进行整体的改革是一件难事，那么在与其他公司合作时如果没有相当的思想准备是无法期待实现目标的。如果连自己公司的商业策略都还没有建立完善并在整个公司贯彻实施的话，肯定也无法建立与其他公司间上下统一的流程或系统。此外，由于这是策略上的问题，如果经营的上层领导不打头阵统领全局的话，也不能实现 SCM 的构建。因为还必须要与相关的外部经营者进行充分的沟通，所以必须要有经营领导的参与。

SCM 既会通过物资筹措、生产、物流、销售等推进

230

◎推进SCM时易出现的问题

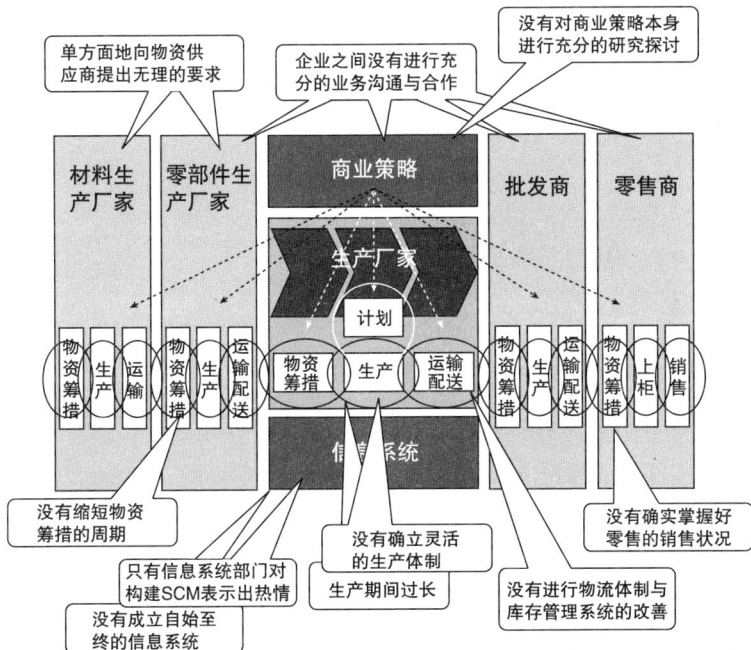

单方面地向物资供应商提出无理的要求

企业之间没有进行充分的业务沟通与合作

没有对商业策略本身进行充分的研究探讨

材料生产厂家

零部件生产厂家

商业策略

生产厂家

计划

批发商

零售商

物资筹措　生产　运输

物资筹措　生产　运输配送

物资筹措　生产　运输配送

物资筹措　生产　运输配送

物资筹措　上柜　销售

信息系统

没有缩短物资筹措的周期

只有信息系统部门对构建SCM表示出热情

没有成立自始至终的信息系统

没有确立灵活的生产体制

生产期间过长

没有进行物流体制与库存管理系统的改善

没有确实掌握好零售的销售状况

◎SCM成功的秘诀

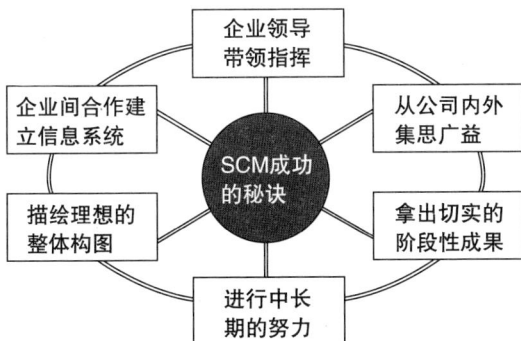

企业领导带领指挥

企业间合作建立信息系统

从公司内外集思广益

SCM成功的秘诀

描绘理想的整体构图

拿出切实的阶段性成果

进行中长期的努力

231

改革，同时出于结构上的问题，还会出现现场改善的课题。 当然，构建信息系统也是非常重要的，这绝不是可以在较短时间内就做好的事情，必须要在开展的时候不断拿出短期性的成果。 为此要首先明确地描绘出整体上的目标状况。

10－3　通过 SCM 看库存策略

▶──构建 SCM 多以库存策略为中心

经常会看到公司为了寻求更新的向顾客供给的方法而研究探讨库存的集约化。 因为通过集约化库存，可以减少供货时的缺货现象。 这时候，可以看到很多公司与顾客之间建立了信息系统，并自动处理订单来提高速度。

"戴尔电脑"公司就是把产品的生产方式从当初的按库存生产改为按订单生产，通过在接到订单后再制造的 BTO（Build to Order）方式建立了别的公司所没有的供给体制。 该公司在因特网上接受订单，并根据顾客所要求的规格进行制造，然后通过国际快递送到顾客手中，这种运营体系一度成为了广泛关注的话题。 除此之外，还有的公司为了将库存放置在与顾客紧密相连的地点而重新进行据点配置，提高服务质量。

▶──库存信息的共享化是 SCM 的基础

在 SCM 中要不断思考商品供给的理想方式，而考虑供给就要考虑库存的方式，库存的信息就成了基础。 向自己公司的相关部门、外部的物资供应商及顾客传达库存信息，并依此进行生产、运送、补充物资等活动。 掌

◎SCM的目标与库存策略

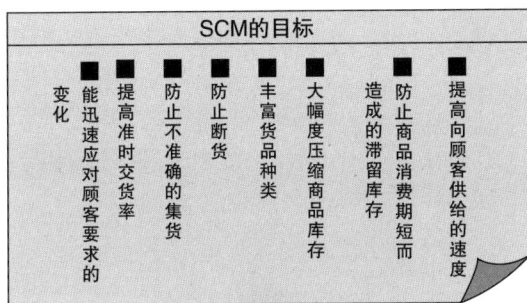

SCM的目标

- 能迅速应对顾客要求的变化
- 提高准时交货率
- 防止不准确的集货
- 防止断货
- 丰富货品种类
- 大幅度压缩商品库存
- 防止商品消费期短而造成的滞留库存
- 提高向顾客供给的速度

SCM的目标在库存策略中的定位

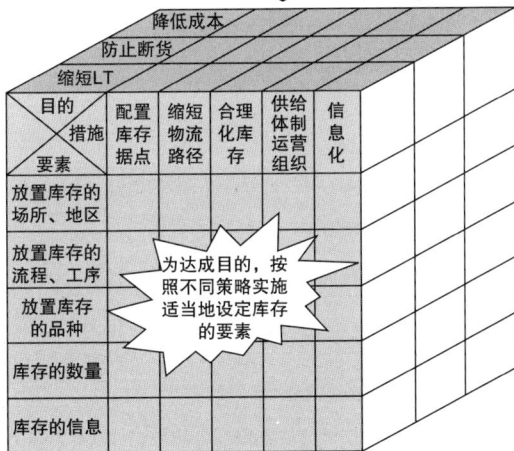

降低成本
防止断货
缩短LT

目的 措施 要素	配置库存据点	缩短物流路径	合理化库存	供给体制运营组织	信息化
放置库存的场所、地区					
放置库存的流程、工序					
放置库存的品种					
库存的数量					
库存的信息					

为达成目的，按照不同策略实施适当地设定库存的要素

233

握库存信息，必须站在所有的场所及整个流程的立场上。库存的信息不只计划部门的人应该掌握，还要传达给所有的人，使其能够进行判断。

了解顾客的库存信息，就等于了解了销售信息。如果了解到了真正的销售信息，也就能够采取正确的行动。并且还应该改变立场，对物资供应商也做出同样的行动。我方作为发出订单的一方，如果向物资供应商传达了物资的库存信息，并且告诉他们我方的生产计划，则对方就可以不再靠推测进行生产，而能够合理准确地向我方提供物资。比如食品等的包装容器就是这样，作为物资接受方的食品制造公司根据其生产计划来接收包装材料。总之，信息系统是 SCM 的中枢神经系统，而库存系统也同时发挥着非常重要的作用。

10－4　活用 SCM 的库存管理

▶——SCM 是确立库存管理的绝好机会

SCM 的目标已经写在了下页图中。在思考过 SCM 的定义后再考虑"如何发挥库存策略的作用"，就会发现库存管理的思路变得非常清晰。

对于商品供给来说，持有库存的方法、库存的放置方法与取出方法、管理方法等都是主要的业务，所以库存管理受到重视也就理所当然了。曾经想提高库存管理

◎如何将库存管理应用到SCM中

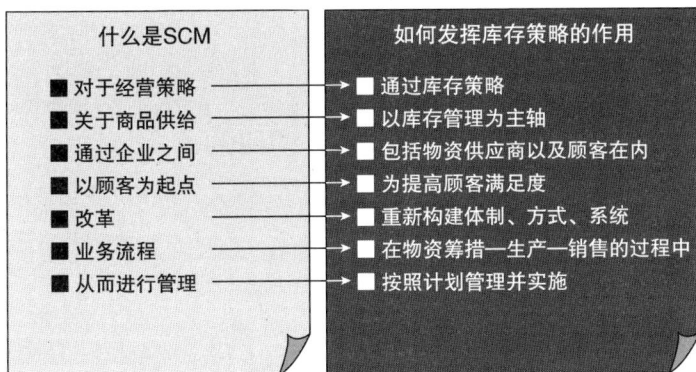

什么是SCM	如何发挥库存策略的作用
■ 对于经营策略	■ 通过库存策略
■ 关于商品供给	■ 以库存管理为主轴
■ 通过企业之间	■ 包括物资供应商以及顾客在内
■ 以顾客为起点	■ 为提高顾客满足度
■ 改革	■ 重新构建体制、方式、系统
■ 业务流程	■ 在物资筹措—生产—销售的过程中
■ 从而进行管理	■ 按照计划管理并实施

◎构筑SCM的观点

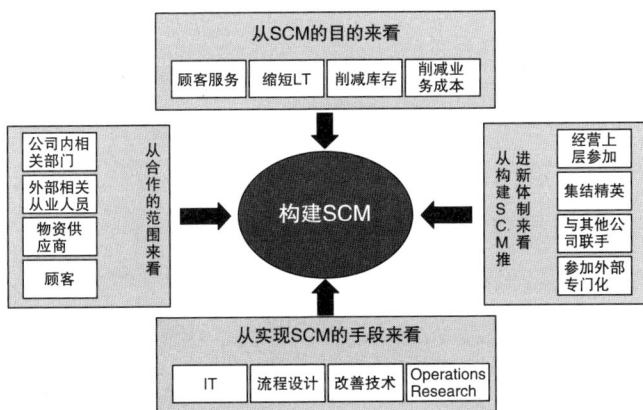

从SCM的目的来看

顾客服务	缩短LT	削减库存	削减业务成本

从合作的范围来看

公司内相关部门
外部相关从业人员
物资供应商
顾客

构建SCM

从进新构建体制来看SCM推

经营上层参加
集结精英
与其他公司联手
参加外部专门化

从实现SCM的手段来看

IT	流程设计	改善技术	Operations Research

水平时无法得到其他部门以及上层领导的理解，迟迟无法推进，而现在因为要构建 SCM，所以库存管理也被高度聚焦，成为了研究讨论的中心主题。 这样一来因为上

层领导的支持，也容易让其他部门和公司外部参与合作。 其实就算不高调宣称库存管理才是主要课题，在实质上也必须将其置于极其重要的地位。

▶──首先考虑构建 SCM 的目的

说到 SCM，没有人会认为要导入 ERP（Enterprise Resource Planning），但却经常会出现因为导入了电脑系统而手足无措的情况。 首先，让我们明确要通过 SCM 来解决什么问题。 在这一过程中可能会出现好几个目的，此时也应该明确各个目标。

如果明确了 SCM 的目标，就能够明白应该下工夫解决的职能范围和企业领域的范围，所以也就相应地了解了需要改革和建立体制的合作范围。 构建 SCM 的方法以 IT 为首有多种多样，根据构建 SCM 的内容，要首先分析现状，改善流程，并一步步设计出新东西。 希望各位读者能把已经学到的库存管理的方法充分应用到实际中。 在构建 SCM 的重要观点里，其中一项是活动的推进体制。 因为这个范围较大，不是光靠某一部门设定课题就能解决的，所以上层领导的参与是绝对不可缺少的。 由于这个课题也涉及其他公司的参与，所以就要组织一个共同的项目，让外部的专家人士参与进来是非常重要的。

10 –5 构筑 SCM 的步骤

▶——SCM 的构建与其他的基本开展方法相同

构建 SCM 的步骤与设计其他系统或改革的步骤并无大异。 只是对象的职能范围十分广泛，除了相关联的部门和企业，还会涉及外部，所以规模庞大。 因此推进体制也会有所不同，而且还必须采取相应的体制和手法以便最大限度地活用 IT。 因为相关的部门和人员比较多，所以为了实现问题和新方向的共享，需要各种各样的努力。

对于现状中出现的问题和改革的余地，要用数字明确表示出来，而未来的构想必须要用易于理解的绘图或关联图表展示出来。 为了能让相关人员和经营上层准确理解并能够在理解的基础上进行具体的操作，各项内容必须整理得切中要点。

▶——构建时不忘研究学习成功典范

这个世界上有的企业采取了明智的经营策略，有的企业构建了成功的物流体制，有的公司通过信息系统实现了高效率的处理，还有的公司与物资供应商展开了良好的合作。 当然这些先进企业都是优秀的学习典范。“标杆瞄准法”并不是随便就能成功的，如果没有详细的信息，就不能当做自己公司的参考。 不过，如果进行

237

专门性的调查，就能够通过已经公开的信息掌握想了解的公司的详细内容。

步骤1：　　　【现状分析与改革余地的评估】

- ·构成项目
- ·确认领导的意见
- ·确认实施的范围
- ·拟定展开计划 等

- ·物品的流程、数量
- ·分析顾客与产品
- ·分析计划与系统
- ·分析库存、加工品 等

- ·抽出并整理问题
- ·问题的影响度
- ·检讨改革的余地 等

步骤2：　　　【明确SCM系统的职能】

抽出未来的构想
- ·物品流向的构想
- ·业务流程的构想
- ·信息系统的构想

研讨SCM策略
- ·构想与核对策略
- ·策略与职能相关
- ·策略与运营体制

系统职能构想
- ·业务建模
- ·业务管理图

步骤3：　　　【拟定最优SCM系统的基本构想】

构想的具体化
- ·物流构造与物品的流向
- ·计划、执行流程
- ·信息系统处理职能

研究成功案例
- ·研讨SCM的KPI项目
- ·标杆瞄准
- ·研究是否可借鉴其他公司案例

整理SCM系统的构想
- ·提炼改革方案
- ·SCM基本设计图、流程
- ·新系统的投资、效果

步骤4：　　　【做出具体的实施计划与具体化推进】

开展基本构想的方法
- ·探讨优先顺序
- ·分清活用IT领域的范围
- ·探讨推进体制

拟定实施计划
- ·探讨改革的步骤
- ·确认应采取的体制
- ·实施日程计划化

具体化推进SCM系统
- ·推进信息系统化
- ·推进流程改革
- ·确认进度与汇报经过

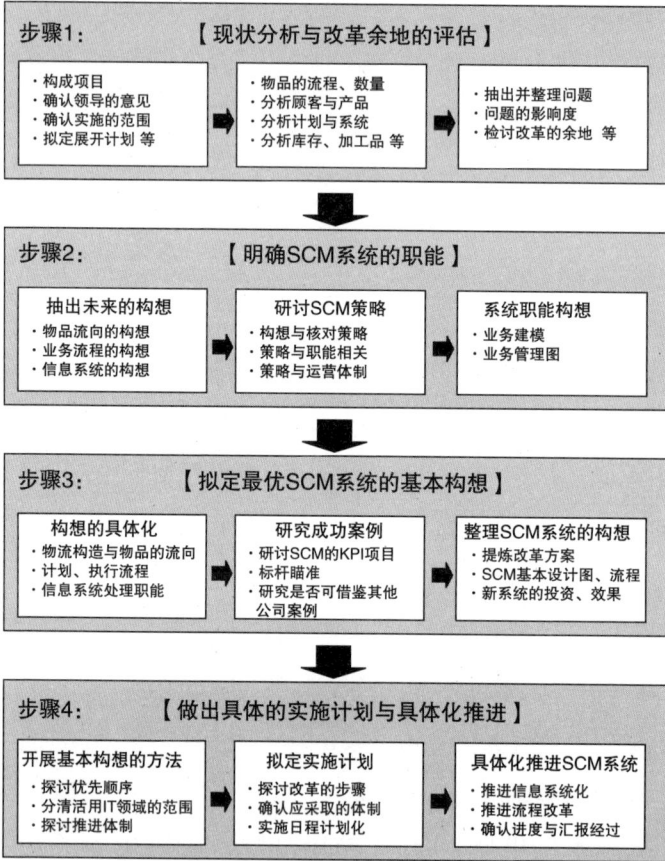

此外，在调查其他先进的公司时，如果不明确好应该学习的内容，也无法具体地应用到自己公司中去。 一

238

项叫做 KPI（Key Performance Indicator，关键绩效指标）的重要的经营指标，必须根据自己公司的情况作出决定。 关于这项内容，先进企业是什么程度，自己公司又是什么程度，自己公司最终想达到什么程度，中间目标是什么程度等——这些都要表现出来，并对此进行定位。 这些在开展 SCM 的构建时是非常重要的。

10 – 6 商业模式化与库存策略

▶——商业模式要突出独创性

随着 IT 进步的成果被不断应用到开展事业的方法中，出现了各种各样新鲜的商业模式。 比如利用因特网集结顾客并在网页上推销商品，再通过快递服务将商品送货上门等，新形势的商务模式层出不穷。 确立新型的商务体制，并为了在众多公司中标新立异以求得竞争优势，而试图通过法律手段保护自己的体制——这已经成为了当今企业的一个动向。 这种动向开始于 20 世纪 80 年代的美国，并在 20 世纪 90 年代伴随着 IT 的发展，出现了被称为商业模式的事物。

在日本，也从 2000 年前后开始，越来越多的企业试图确立独特的商务运作模式并努力发展到能够取得专利的程度。 但是，要确立从没有过的体制并不那么轻而易举。 商业模式里做得非常出色的，都有自己的独创性，并且重新构建了事业的体制。 出色的体制是该企业努力的结晶。

▶——充分发挥 IT 建立新体制

在之前的小节中作为 SCM 系统的成功典范，列举了"戴尔电脑"的案例。 该公司也是商业模式具有代表性的事例。 生产体制、物流体制、销售体制等均成立于完全不同于以往的思路下，并且在体制中大量应用了 IT 技术。 在表示商务类型时，会用 B 表示企业（Business），用 C 表示消费者（Consumer）（如"B to B"，"B to C"），而 IT 的普及极大地缩短了 B 和 C 之间的距离。

商业模式不能照葫芦画瓢，必须要独自进行创新。

◎什么是商业模式

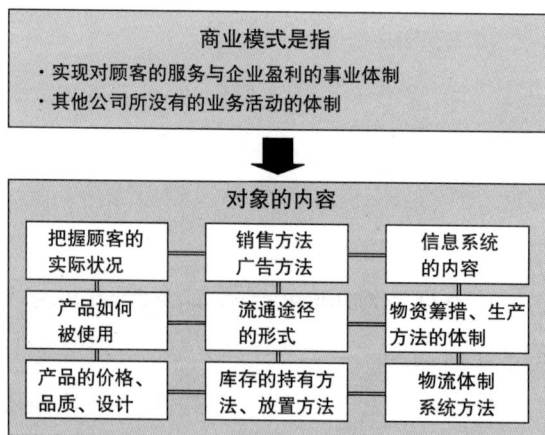

商业模式是指
· 实现对顾客的服务与企业盈利的事业体制
· 其他公司所没有的业务活动的体制

对象的内容

把握顾客的实际状况	销售方法广告方法	信息系统的内容
产品如何被使用	流通途径的形式	物资筹措、生产方法的体制
产品的价格、品质、设计	库存的持有方法、放置方法	物流体制系统方法

◎D公司的商业模式的概要

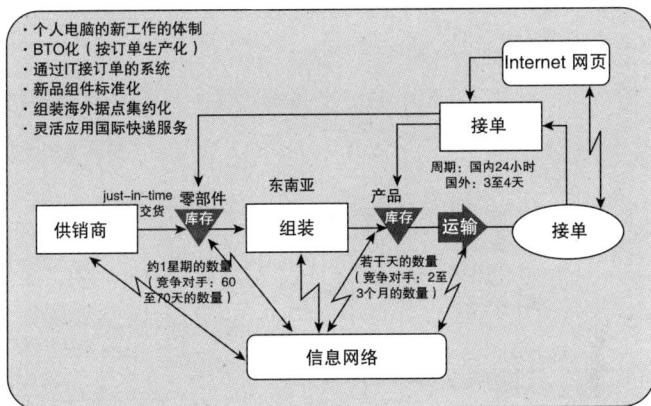

- ·个人电脑的新工作的体制
- ·BTO化（按订单生产化）
- ·通过IT接订单的系统
- ·新品组件标准化
- ·组装海外据点集约化
- ·灵活应用国际快递服务

Internet 网页

接单

just-in-time交货　零部件　东南亚　产品
库存　组装　库存　运输

周期：国内24小时
　　　国外：3至4天

供销商

接单

约1星期的数量（竞争对手：60至70天的数量）

若干天的数量（竞争对手：2至3个月的数量）

信息网络

这需要认真考虑自己公司产品以及顾客的特征，在供给方式上下工夫改进，并要在其中建立好信息系统。独特的生产方式以及销售方式、物流体制以及持有库存的方式、运营体制的理想形式等并非一朝一夕就能实现。如果在该企业建立新体制时所花费的努力得到回报，并且有自己独创的内容时，就实现了商业模式的创新。

10-7 从商业模式看库存策略

▶——无论什么领域都有关于库存的业务

商业模式并不只属于生产商。不过通过 IT 的发展，生产厂家也确确实实地拉近了与顾客之间的距离。

举一家物流公司的例子，该公司以库存为自己的武器

241

开展商务活动。 该公司是食品公司的物流子公司，除了总公司的商品外，还以其他公司的商品为业务对象，为了向饮食店提供必要的物品而开展了新的业务（如下图）。

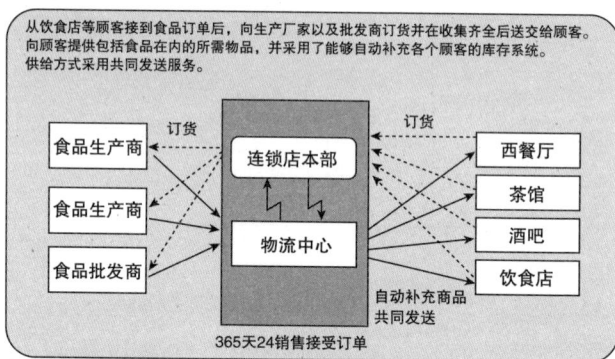

从饮食店等顾客接到食品订单后，向生产厂家以及批发商订货并在收集齐全后送交给顾客。向顾客提供包括食品在内的所需物品，并采用了能够自动补充各个顾客的库存系统。供给方式采用共同发送服务。

食品生产商 ──订货→ 连锁店本部 ←订货── 西餐厅

食品生产商 物流中心 茶馆

食品批发商 酒吧

饮食店

自动补充商品
共同发送

365天24销售接受订单

货品种类是否丰富对于零售店来说是非常重要的问题。 而为了丰富商品种类必须从若干家供销商处凑齐货品时，由于订货和进货的分类和组合，会花掉不少工夫。 该公司承包了该项作业，充分利用了 IT 技术，甚至向顾客提供了管理顾客库存的服务，开展了新的商务。 笔者认为，这种类型的商务不只在食品行业可行，在其他各种各样的领域都有可能性。

▶──今后关于环境问题、循环利用的商务将很有潜力

如今全球规模的温室效应已经成了社会性的问题，

环境问题不断在被呼吁，于是在这个领域就不断产生着新型的商务活动。 既有测定水质及大气污染的业务，也有生产循环利用资源的设备或运输其资源的业务。 观察循环利用资源的流程会发现，有回收废弃物、运输到处理厂、循环再利用处理、运输再生产品或处理品、销售再生产品等各项活动。

◎**再循环利用商务的潜力**

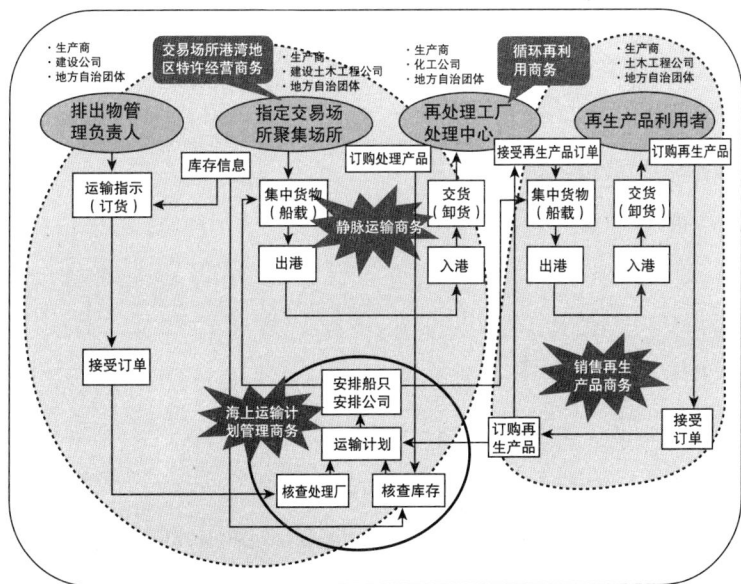

还有的公司开展了对这种循环再利用的商务进行策划或提供咨询服务的业务。 这一类的商务活动如上方图所示。 在这些业务中，对于废弃物的库存状况、回收物品的库存状况、再生产品的库存状况等必须事先建立好信息网络加以掌握。 该网络不能只建立在一家企业中，

243

而要与其他企业一起，甚至有的时候应该与地方自治团体一同建立。 总之，在各种不同的场合都有产生新型商业模式的可能性。

10 – 8　维修零件的库存策略

▶——维修零件的特征与库存策略

包括汽车、摩托车及家电产品在内，能够在修理后继续使用的机器及设备等都有用于修补的维修零部件。这在库存管理中是很有特点的，所以本节将对维修零件的库存管理进行思考与分析。

维修零件具有很多特性，比如庞大的品种数量、零部件较长的使用寿命、多种多样的零部件形状、较少的消耗量、频繁发生的紧急发货等等。 库存里有数万的品种并不少见。 此外，货品从大型物件到微小零件规模不一。 因为是用于修理的零部件，所以经常会要求紧急发货，而且一次发货的数量非常有限。 如果对这些麻烦无法应对自如，使用这些产品的用户就会不满意，最终跑到其他能提供更优质服务的竞争对手那边。 然而，如果库存种类过于丰富，不但资金流量会恶化，还需要占用更大的空间。 据说在有的行业中包括售后服务的保险在内的销售额甚至能匹敌产品本身的销售额。 维修零件的库存管理与销售策略及服务策略都有着密切的关系。

▶——合理安排库存的方法

维修零件是修理时使用的零部件。 通常在修理车间或销售点内进行修理。 极个别也会直接拿着零部件到顾客所在地当场进行修理。 以上无论哪种情况，零部件都必须立刻到手。 看起来直接把零部件放在修理车间或销售店会更好，然而由于零部件数量太多，如果连不怎么用到的也放在外面，就要花费莫大数额的开支。

考虑将维修零件的库存放在哪里、放置什么、放置多少，就是维修零件的业务策略。 如果集中放置在中央仓库，则库存减少，管理也更加方便。 然而为了更好地服务顾客，零部件最好能放在修理车间。 如下图所示，有很多种关于持有库存的方法和物流形式的思路。 持有库存的方法既与运输的方法、频率、时间相关，也与顾客等待修理的时间相关。 所以所谓考虑策略，就是要以服务为前提来考虑如何开展业务。

◎维修零件的特征与改革内容

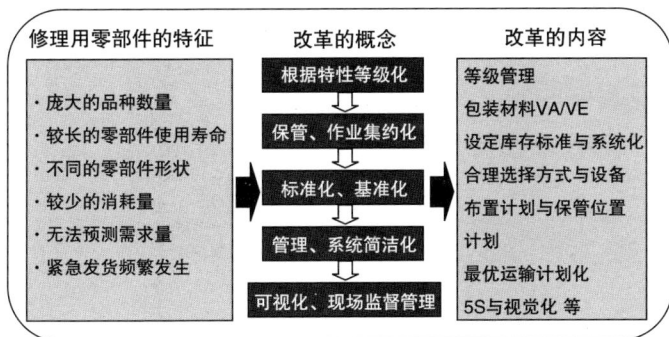

修理用零部件的特征	改革的概念	改革的内容
·庞大的品种数量 ·较长的零部件使用寿命 ·不同的零部件形状 ·较少的消耗量 ·无法预测需求量 ·紧急发货频繁发生	根据特性等级化 保管、作业集约化 标准化、基准化 管理、系统简洁化 可视化、现场监督管理	等级管理 包装材料VA/VE 设定库存标准与系统化 合理选择方式与设备 布置计划与保管位置计划 最优运输计划化 5S与视觉化 等

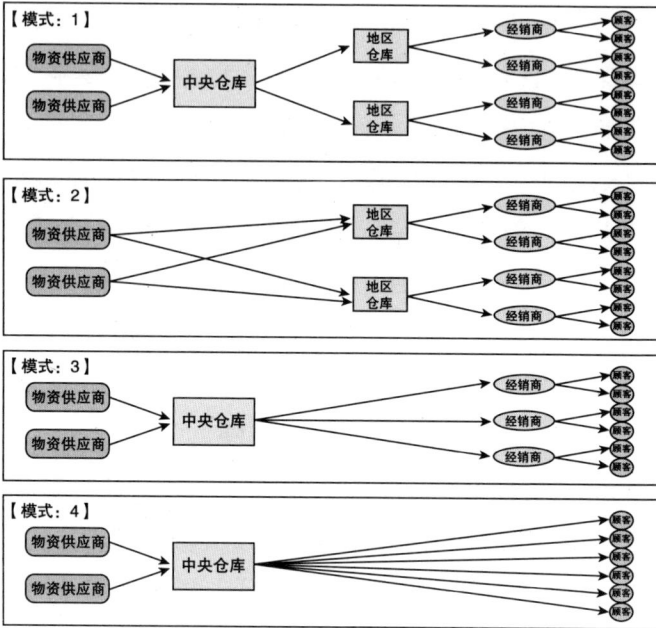

10-9 维修零件的库存计划与库存标准

▶——维修零件最关键在于等级管理的形式

维修零件的品种数量非常庞大，其库存管理的关键在于"等级管理"，英语叫做 segmentation。 库存的品种数量越多，就表示不同的特性也越多。 应该以各种不同的特性来区分零部件。 比如零部件的大小、顾客使用的时期、发货频率等等。

下页的图"P/Q Matrix"是将维修零件按照所使用的

246

数量和零部件的单价进行等级区分后形成的图。 这种区分案例在地方仓库或经销商等适用具有很好的效果。 该方法的思路是，对于单价高且需求量极少的物品不在仓库保存；对于单价低且经常用到的物品，在数量减少时准备一定数量。 也就是说单价高且不常用到的货品只要放在中央仓库即可。 修理的时候，顾客也愿意花些时间等待。 有的企业在使用该表进行区分后，将其作为管理方式的基础，然后落实到订货方式、现货管理、安排场所等方面，实现了巨大的利益。

◎区分维修零件管理的例子

P/Q Matrix

Quantity 发货量/年 Price 价格	~5	~10	~20	~50	~100	~500	~1000	~2000	2,000~	合计
~100	Ordering point ①				Ordering point ②					
~500	Q=2个月的量				Q=1个月的量					
~1,000	Double Bin									
~2,000	库存2个									
~5,000	Single Bin									
~10,000	库存1个					Ordering point ③				
~20,000	Non Stock					Q=1个星期的量				
~50,000	库存为零									
50,001~										
合计										

▶——断货率的决定方式会左右维修零件的库存标准

当把维修零件的库存设置为多个阶段时，各个场所不能按同样方式放置存货。 另外，所有的货品不必都存放在中央仓库里。 如果要将中央仓库的断货率定为0%（充足率100%），就必须把1整年都不会用到1次的物品也作为库存来存放。 有的中央仓库断货率虽然为3%，但仍然能够毫无障碍地为顾客提供服务。

地方仓库可以将断货率控制在5%～7%（充足率93%～95%）。 如果能保证从中央仓库调出物品后第二天就送到地方仓库，则该状况能够充分满足需求。 至于经销商的库存，则要通过补充仓库所花的时间、周期、距离等来考量，并且也受库存费用以及经销商对顾客服务定位等因素的影响。

维修零件应该策略性地进行管理，笔者认为应该以下方图中所示的经营指标对整体进行管理。

◎维修零件的KPI

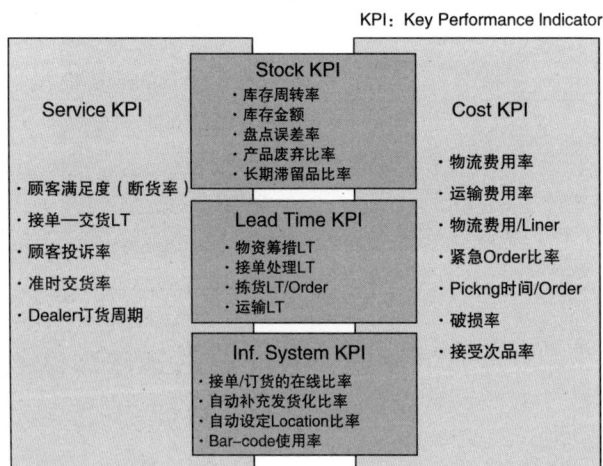

KPI：Key Performance Indicator

Service KPI
· 顾客满足度（断货率）
· 接单—交货LT
· 顾客投诉率
· 准时交货率
· Dealer订货周期

Stock KPI
· 库存周转率
· 库存金额
· 盘点误差率
· 产品废弃比率
· 长期滞留品比率

Lead Time KPI
· 物资筹措LT
· 接单处理LT
· 拣货LT/Order
· 运输LT

Inf. System KPI
· 接单/订货的在线比率
· 自动补充发货化比率
· 自动设定Location比率
· Bar-code使用率

Cost KPI
· 物流费用率
· 运输费用率
· 物流费用/Liner
· 紧急Order比率
· Pickng时间/Order
· 破损率
· 接受次品率

248

10 – 10　维修零件的库存管理实例

▶——经销商的零件库存要精挑细选

下面介绍的是关于改善汽车的维修零件的库存的例子。 汽车的零件，一般的用品商店销售的大多都只是配件，除了一部分物品外，一般会在修理或定期检查时用到。 该公司让经销商适当地保持零件库存，同时以向顾客提供优质的服务和减少库存负担为目标进行了改革。最开始时以较大的经销商为模型，用 3 个月的时间建立了基本的模式。

在改善前该公司持有了多个库存品种，然而其中的 1/3 都是滞留品，6 个月之内都没有被用到过。 此外，紧急用品在品种上超过了半数，成本也花费得很高。 于是该公司应用了 P/Q Matrix，以 1 年内的发货数量和单价分析所有的品种后，将零部件区分为了 6 部分。 对于其中单价较高而数量较少的 15% 的品种，该公司决定不再放置于仓库中。 此外，还区分出存放 1 个的物品，存放 2 个的物品以及以订货时间点法持有库存的物品，此外还建立了能够对此自动地进行判断和订货的软件程序。其结果如下图所示，实现了库存量、滞留库存、紧急订货品的减少，同时也成功减少了断货情况。

◎经销商库存改善结果的例子

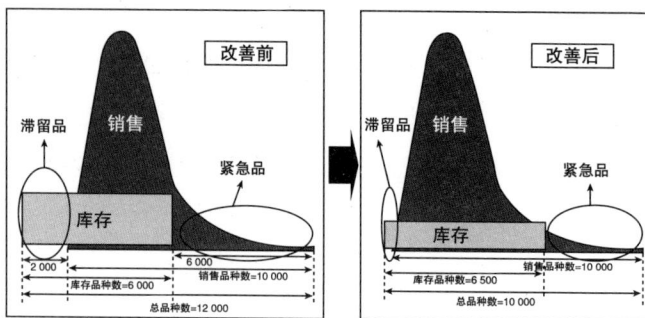

图中文字：

改善前
滞留品　销售
紧急品
库存
2 000
6 000
库存品种数=6 000
销售品种数=10 000
总品种数=12 000

改善后
滞留品　销售
紧急品
库存
库存品种数=6 500
销售品种数=10 000
总品种数=10 000

▶——通过建立向经销商补充零件的体制重新整编据点

　　该公司以建立模型的形式成功进行了经销商的库存管理，同时还进行了现货管理、物流作业的效率化。 在经销商保管配件的场所里，为了进行目视管理，按照不同的管理部分，用不同颜色表示不同的货架，并分别表示出了库存标准。 此外，当被交送到修理车间时，还采用了套件化。

　　模范经销商的方法在全国有计划地开展起来，取得了巨大的效果。 与此同时，该公司对地方仓库持有库存的方法、发货作业的方法和保管方法进行了改善，同时也研究探讨了地方仓库的作用、用地及涵盖范围等，然后进行了重新整编。

250

◎维修件的概要系统的例子

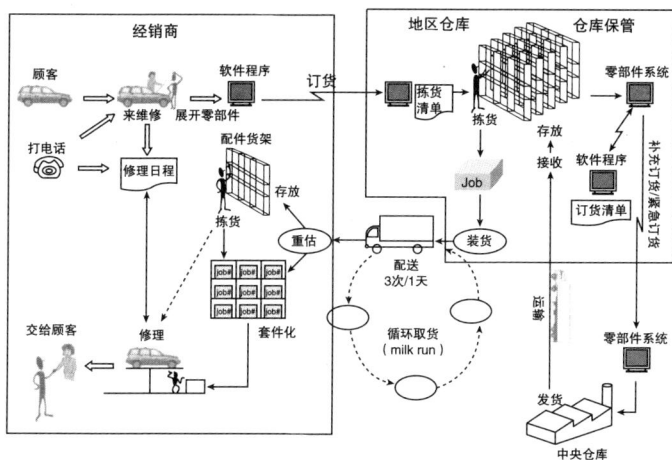

10 – 11　零售业的库存策略

▶──零售关键在于品种齐全

零售行业所进行的活动是向消费者销售商品，该项商务活动由商品、卖场、系统和人员组成。　网络销售或上门推销虽然不需要卖场，然而可以认为商品名册或销售网页代行了卖场的作用。　零售行业的商业活动中，商品种类齐全并向顾客提供展示是提高销售额的必要条件。

为了使商品的种类齐全，就要在门店陈列展示商品。　门店的库存会刺激顾客的购买欲望，所以对于在门店提供商品的机制、门店使用空间的方法、门店陈列

（放置）商品的方法、陈列的商品数量等都必须进行明确的计划并贯彻实施。 在超市等商店中，会有持续不断进行供给的畅销产品，也有在一定时期内销售的促销产品，如何抓住时机巧妙地供给同样也是一项重要的课题。

▶——商品管理帮助提高销售业绩

零售行业是在商店向顾客展示商品，但由顾客决定是否购买。 而这项活动是在门店里进行的，顾客什么时间会到访门店很难准确掌握。 不过，从以往的实际经验可以知道顾客大多倾向于周六或周日，以及工作日的傍晚光临商店。 而且，夏季天长冬季天短，所以也大概可以掌握顾客一般到 19 点左右就会慢慢减少。

◎零售行业经营策略的例子

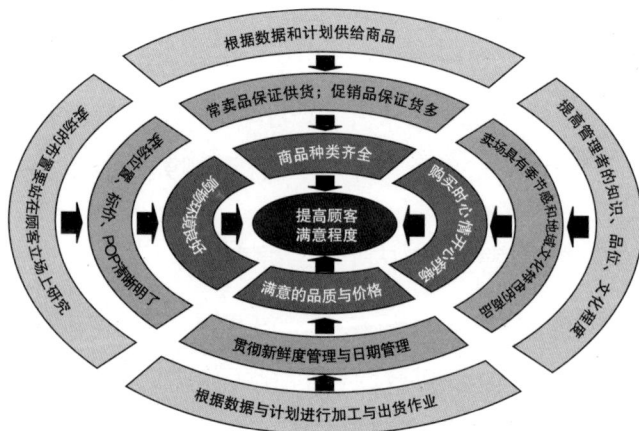

◎零售行业应掌握的状况与时间带

周一到周五	早晨	中午	下午	傍晚	夜间	

周六周日	早晨	中午	下午	傍晚	夜间
来商店的顾客状况					
销售额状况					
门店库存的状况					

商品管理就是库存管理。 根据季节及一周七天的变化，只要顾客来店里的时间带发生了变化，就要相应地准备商品。 根据不同的时间带，顾客数量发生变动，从门店不断买走商品，门店库存减少，通过掌握每时每刻的状况，对商品进行适当的补充。 如果不对商品进行适当的补充，就算很受顾客欢迎的商品也会错过商机。 有的商店采用一次性向门店供给商品的方法，不过如果能保持不断提供新鲜的货品，则能更大地让顾客满意，所以门店的库存管理是非常重要的。

10 –12 零售业的内仓库存管理

▶——内仓的作用

零售业进行销售时，有的利用店铺销售，也有网络

253

销售、商品传单销售及上门推销等不使用店铺的情况。在这里我们来看一下使用店铺销售的形式。 采购商品并将其陈列于门店的流程，分为若干个模式。

当从多家供应商购买了很多商品时，一般在物流中心集齐商品并配送到店铺里。 当店铺数量较多时，一般通过物流中心配送到店铺。 向店铺配送时，根据物品数量和距离，有时一天内可能会运送若干次。 在店铺中对于接收到的商品，先暂时放置起来，伺机陈列在门店里。 暂时放置商品的场所就叫做内仓，内仓不只放置商品，还放置包装材料等。 并且有时会在这里对商品进行加工或包装。 根据商品性质不同，或店铺不同，运营时可以选择不设置内仓。 内仓的库存在某种意义上来讲属

◎内仓的定位与模式

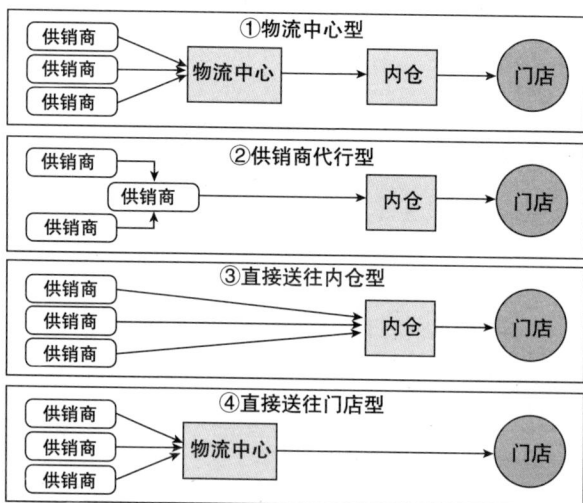

①物流中心型
供销商 / 供销商 / 供销商 → 物流中心 → 内仓 → 门店

②供销商代行型
供销商 / 供销商 / 供销商 → 内仓 → 门店

③直接送往内仓型
供销商 / 供销商 / 供销商 → 内仓 → 门店

④直接送往门店型
供销商 / 供销商 / 供销商 → 物流中心 → 门店

于滞留品，所以尽量越少越好。

▶──内仓的库存越少越好

陈列在门店的商品，通常在数量上有限。 如果某零售业采取的形式是陈列样品，日后将实物送给客人的话，问题就比较简单，但如果商品是需要客人自己带回家的，那么如果没有陈列在门店里就会引起客人的不满。 当门店的商品卖完时，为了不让顾客失望，必须要尽快补充新货，而内仓就是为了保证供货而存在的。

◎削减内仓库存的项目的例子

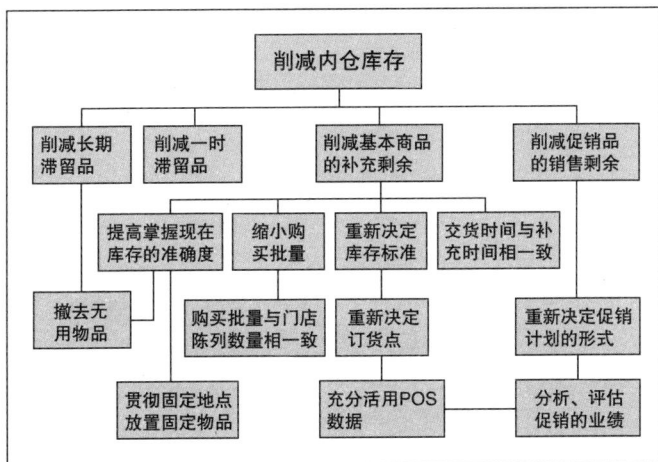

与生产商的产品仓库相同，内仓如果也能实现零库存是最好不过的，但由于进货的单位或补充的周期等会产生库存。 对于这些库存我们也应该努力进行削减。

对于要持续销售的商品（基本商品），采取决定好库存标准后订货的补充方式。至于促销用的商品，由于是有计划的行动，所以要发挥经验并参考之前的数据，制定一个不会产生滞销品的计划。

10 – 13　企业战略的开展与库存策略

▶——在企业战略中不断思考库存的理想形式

企业计划从明确企业的任务开始。比如描绘出具体的目标，诸如丰富产品种类让顾客满意，靠产品品质成为全国第一的公司等，然后以此为构想一步步落实到具体的行动中。

当由构想落实到企业战略的级别时，要不断决定基本战略的要素。这就相当于要决定非常详细的方向，比如建立新的物流据点、把从接受了顾客的订单算起的周期缩短 2 天、采取独立生产的方式，对应更多的品种等等。决定了方法后就要拟定具体的计划，开始一步步地执行。

▶——集结精英设定独自的企业战略

企业战略的内容没有一成不变的固定路线。为了在今后有战略地开展某项业务，凡是必要的内容都可以制定在战略内。必要的内容就是将实现目的和目标的方法

在整体中定位，并进一步明确的事项。 关键的是设定的
目的及目标的内容与方法的内容。

◎企业战略的开展与库存

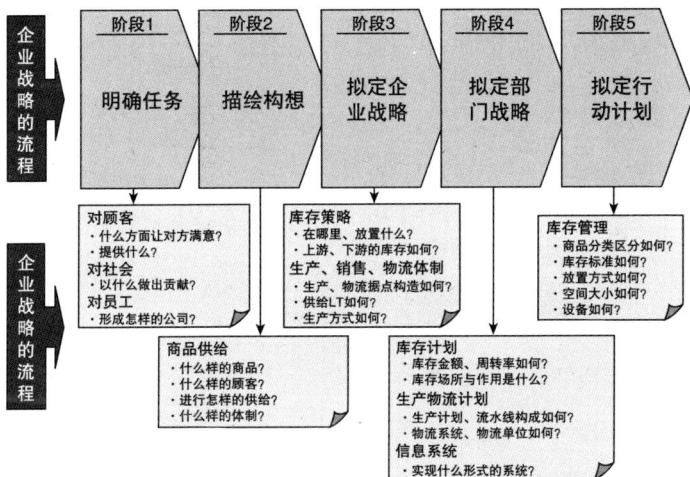

阶段1	阶段2	阶段3	阶段4	阶段5
明确任务	描绘构想	拟定企业战略	拟定部门战略	拟定行动计划

企业战略的流程

企业战略的流程

对顾客
·什么方面让对方满意?
·提供什么?
对社会
·以什么做出贡献?
对员工
·形成怎样的公司?

商品供给
·什么样的商品?
·什么样的顾客?
·进行怎样的供给?
·什么样的体制?

库存策略
·在哪里、放置什么?
·上游、下游的库存如何?
生产、销售、物流体制
·生产、物流据点构造如何?
·供给LT如何?
·生产方式如何?

库存计划
·库存金额、周转率如何?
·库存场所与作用是什么?
生产物流计划
·生产计划、流水线构成如何?
·物流系统、物流单位如何?
信息系统
·实现什么形式的系统?

库存管理
·商品分类区分如何?
·库存标准如何?
·放置方式如何?
·空间大小如何?
·设备如何?

◎开展企业战略的要点

1. 集结公司内外的精英人才
2. 整体构想实现可视化
3. 追求独创性
4. 上层领导参与拟定战略
5. 研究其他公司成功案例
6. 正确认识现状并分析现实状况

有了一个开展业务的构想后，就要通过企业计划将
其扩展为具体如何执行的方法论。 但是如果构想中的业
务形式和水平千篇一律的话，就失去了制定企业战略的

257

意义。 在同行业里，规模大小不是问题，但如果不开展有自己特色的业务，就无法在竞争中取胜。 不能只模仿其他公司，必须发挥自己公司的优势开展具有独创性的业务。 为此就需要集结公司内外的精英人才，在领导的带头指挥下，在准确把握现状的资源与制约的基础上做出不断的努力。

10 – 14　今后库存管理的发展方向

▶——今后会发生什么变化？

谁也无法准确知道将来会发生什么，但是，将来毕竟在现在的延长线上，所以可以利用现在的各种现象进行推测。 可以确定的是，今后全球化的范围会越来越大，物品的进出口也会不断增加。 信息系统、网络会更加发达，更易于使用。 同时，更多公司会随着新的商业模式而不断成长。

另一方面，随着少子化与高龄化的发展，福祉领域在社会经济中所占的比重会越来越大。 外国劳动者也会以更劲的势头在各种不同领域不断地增加。 在这样的社会结构中，今后各个企业应该如何管理库存呢？ 库存的品种与数量的增加有很多重要因素，竞争也不断激化，所以必须提高服务的水平，同时也必须考虑到与削减成本保持平衡。

▶——发挥应对变化的能力，将库存反映到战略中

本书在最开始已经阐述过，企业成长的关键在于"适应变化的应对能力"。无论做什么事，都需要能够不断从各种事情中洞察到现状的本质，对变化的方向做出决定，做出具体的计划并付诸实践，然后不断地坚持。

◎环境变化与今后的方向

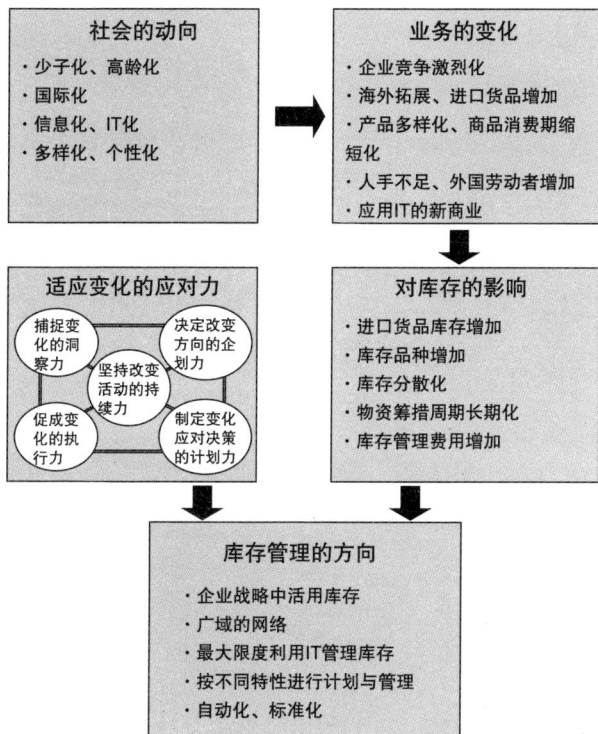

```
┌─────────────────────┐        ┌─────────────────────┐
│     社会的动向       │        │     业务的变化       │
│ ·少子化、高龄化      │ ───▶   │ ·企业竞争激烈化      │
│ ·国际化             │        │ ·海外拓展、进口货品增加│
│ ·信息化、IT化       │        │ ·产品多样化、商品消费期缩│
│ ·多样化、个性化      │        │   短化               │
│                     │        │ ·人手不足、外国劳动者增加│
│                     │        │ ·应用IT的新商业      │
└─────────────────────┘        └─────────────────────┘
                                          │
                                          ▼
┌─────────────────────┐        ┌─────────────────────┐
│   适应变化的应对力    │        │     对库存的影响     │
│  捕捉变     决定改变  │        │ ·进口货品库存增加    │
│  化的洞     方向的企  │        │ ·库存品种增加        │
│  察力       划力     │        │ ·库存分散化          │
│    坚持改变          │        │ ·物资筹措周期长期化  │
│    活动的持          │        │ ·库存管理费用增加    │
│  促成变     制定变化  │        │                     │
│  化的执     应对决策  │        │                     │
│  行力       的计划力  │        │                     │
└─────────────────────┘        └─────────────────────┘
            │                             │
            ▼                             ▼
        ┌───────────────────────────────────┐
        │         库存管理的方向             │
        │ ·企业战略中活用库存                │
        │ ·广域的网络                        │
        │ ·最大限度利用IT管理库存            │
        │ ·按不同特性进行计划与管理          │
        │ ·自动化、标准化                    │
        └───────────────────────────────────┘
```

对于库存的作用，要不断回归基本进行思考，将库

存的必要性与使用方法灵活运用到企业战略中去。 具体来说就是最大限度地发挥信息系统和 IT 的作用，不模仿其他公司，创造出属于自己的"物品"。 为此就需要正确了解自己公司的商务环境，明确现在存在问题的制约条件。

无论时代如何变化，行业如何变化，规模是大是小，应对变化的能力都是非常重要的。 库存对于观察变化会发挥巨大的作用，并且也可以成为应对变化的武器。 使用一件武器，必须看清楚使用的时机和场合，以及使用的对手。 总之，以合理的企业战略为基础的库存管理，一定会为企业的发展做出巨大的贡献。

东方出版社助力中国制造业升级

定价: 28.00 元

定价: 32.00 元

定价: 32.00 元

定价: 32.00 元

定价: 32.00 元

定价: 32.00 元

定价: 30.00 元

定价: 30.00 元

定价: 32.00 元

定价: 28.00 元

定价：28.00 元

定价：36.00 元

定价：30.00 元

定价：32.00 元

定价：32.00 元

定价：32.00 元

定价：38.00 元

定价：26.00 元

定价：36.00 元

定价：22.00 元

定价: 32.00 元

定价: 36.00 元

定价: 36.00 元

定价: 36.00 元

定价: 38.00 元

定价: 28.00 元

定价: 38.00 元

定价: 36.00 元

定价: 38.00 元

定价: 36.00 元

定价: 36.00 元

定价: 46.00 元

定价: 38.00 元

定价: 42.00 元

定价: 49.80 元

定价: 38.00 元

定价: 38.00 元

定价: 38.00 元

定价: 45.00 元

定价: 52.00 元

定价：42.00 元

定价：42.00 元

定价：48.00 元

定价：58.00 元

定价：48.00 元

定价：58.00 元

定价：58.00 元

定价：42.00 元

定价：58.00 元

定价：58.00 元

定价: 58.00 元

定价: 58.00 元

定价: 58.00 元

定价: 58.00 元

定价: 58.00 元

定价: 68.00 元

定价: 68.00 元

定价: 68.00 元

定价: 68.00 元

定价: 68.00 元

定价: 68.00 元

定价: 68.00 元

定价: 58.00 元

定价: 88.00 元

定价: 136.00 元（上、下册）

定价: 136.00 元（上、下册）

定价: 68.00 元

"精益制造" 专家委员会

齐二石　天津大学教授（首席专家）

郑　力　清华大学教授（首席专家）

李从东　暨南大学教授（首席专家）

江志斌　上海交通大学教授（首席专家）

关田铁洪（日本）　原日本能率协会技术部部长（首席专家）

蒋维豪（中国台湾）　益友会专家委员会首席专家（首席专家）

李兆华（中国台湾）　知名丰田生产方式专家

鲁建厦　浙江工业大学教授

张顺堂　山东工商大学教授

许映秋　东南大学教授

张新敏　沈阳工业大学教授

蒋国璋　武汉科技大学教授

张绪柱　山东大学教授

李新凯　中国机械工程学会工业工程专业委员会委员

屈　挺　暨南大学教授

肖　燕　重庆理工大学副教授

郭洪飞　暨南大学副教授

毛少华　广汽丰田汽车有限公司部长

金　光　广州汽车集团商贸有限公司高级主任

姜顺龙　中国商用飞机责任有限公司高级工程师

张文进　益友会上海分会会长、奥托立夫精益学院院长

邓红星　工场物流与供应链专家

高金华　益友会湖北分会首席专家、企网联合创始人

葛仙红　益友会宁波分会副会长、博格华纳精益学院院长

赵　勇　益友会胶东分会副会长、派克汉尼芬价值流经理

金　鸣　益友会副会长、上海大众动力总成有限公司高级经理

唐雪萍　益友会苏州分会会长、宜家工业精益专家

康　晓　施耐德电气精益智能制造专家

缪　武　益友会上海分会副会长、益友会/质友会会长

东方出版社

广州标杆精益企业管理有限公司

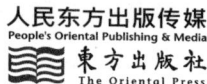

標杆精益®
BENCHMARK LEAN

人民东方出版传媒
People's Oriental Publishing & Media
东方出版社
The Oriental Press

日本制造业·大师课

手机端阅读，让你和世界制造高手智慧同步

片山和也：
日本超精密加工技术
系统讲解日本世界级精密加工技术
介绍日本典型代工企业

国井良昌：
技术人员晋升·12讲
成为技术部主管的12套必备系统

山崎良兵、野々村洸，等：
AI工厂：思维、技术·13讲
学习先进工厂，少走AI弯路

高田宪一、近冈裕，等：
日本碳纤材料CFRP·11讲
抓住CFRP，抓住制造业未来20年的
新机会

中山力、木崎健太郎：
日本产品触觉设计·8讲
用触觉，刺激购买

高市清治、吉田胜，等：
技术工人快速培养·8讲
3套系统，迅速、低成本培育技工

近冈裕、山崎良兵，等：
日本轻量化技术·11讲
实现产品轻量化的低成本策略

近冈裕、山崎良兵、野々村洸：
日本爆品设计开发·12讲
把产品设计，做到点子上